LÁSARO DO CARMO JR.

O que importa é SEU resultado

Faça uma revolução estratégica em seu negócio e potencialize seu lucro em qualquer cenário econômico

Diretora
Rosely Boschini

Gerente Editorial
Rosângela de Araujo Pinheiro Barbosa

Editora Assistente
Audrya de Oliveira

Assistente Editorial
Rafaella Carrilho

Controle de Produção
Fábio Esteves

Preparação
Fernanda Mello

Projeto Gráfico
Thiago Barros

Diagramação
Vanessa Lima

Revisão
Vero Verbo Serviços Editoriais

Capa
Thiago Barros

Impressão
Edições Loyola

CARO LEITOR,
Queremos saber sua opinião sobre nossos livros. Após a leitura, curta-nos no facebook.com/editoragente, siga-nos no Twitter @EditoraGente, no Instagram @editoragente e visite-nos no site www.editoragente.com.br.
Cadastre-se e contribua com sugestões, críticas ou elogios.

Copyright © 2020 by Lásaro do Carmo Jr.
Todos os direitos desta edição são reservados à Editora Gente.
R. Dep. Lacerda Franco, 300 – Pinheiros
São Paulo, SP — CEP 05418-000
Telefone: (11) 3670-2500
Site: www.editoragente.com.br
E-mail: gente@editoragente.com.br

Este livro foi impresso pela Edições Loyola em papel pólen bold 70g em agosto de 2025.

Dados Internacionais de Catalogação na Publicação (CIP) Angélica Ilacqua CRB-8/7057

Carmo Jr., Lásaro do
   O que importa é seu resultado: faça uma revolução estratégica em seu negócio e potencialize seu lucro em qualquer cenário econômico / Lásaro do Carmo Jr. – São Paulo: Editora Gente, 2020.
   160 p.

   ISBN 978-65-5544-037-9

   1. Negócios 2. Administração de empresas 3. Planejamento estratégico 4. Sucesso nos negócios I. Título

20-2933   CDD 658

Índice para catálogo sistemático:
1. Gestão de negócios

NOTA DO PUBLISHER

Um dos principais executivos do Brasil, Lásaro do Carmo Jr. é referência quando pensamos em gestão e liderança. Portanto, é uma satisfação enorme lançar o primeiro livro desse profissional brilhante na Editora Gente.

Quando conheci o Lásaro, fiquei impressionada com tamanha competência e carisma em uma única pessoa. Sua experiência resulta de anos gerindo grandes empresas nacionais e internacionais que alcançaram resultados valiosos sob a sua conduta. Hoje, além de auxiliar organizações, esse autor também realiza palestras e eventos cujo objetivo é compartilhar o seu conhecimento para ajudar diversos negócios a crescerem e prosperarem.

O que importa é seu resultado é uma leitura obrigatória para que você alavanque e escale os resultados do seu negócio e prospere em qualquer cenário econômico.

Rosely Boschini
CEO e publisher da Editora Gente

Dedicatória

DEDICO ESTE LIVRO a todos aqueles que participaram da minha história de vida. Minha família, amigos de infância, afetos e desafetos, profissionais que passaram por minhas equipes, chefes, subordinados, pois sou fruto dessas relações e experiências pessoais, emocionais e profissionais.

Minha personalidade, meu caráter, minha capacidade intelectual e emocional foram moldados durante as cinco décadas de vida por todas as relações com as pessoas, com o ambiente, comigo mesmo e com as atividades e as tarefas que exerci nessa fase chamada vida!

Se alguma dessas etapas ou dessas pessoas não tivesse existido, não haveria o Lásaro que existe hoje!

Então, minha gratidão é generalizada a todas as pessoas que passaram por minha vida e a todos os momentos criados: os difíceis, os fáceis, os bons e os ruins – fui forjado no caos, e isso me trouxe muitos benefícios.

Dedico não só este livro, mas também tudo que sou a essa usina chamada vida, que construiu quem sou hoje!

Deus, minha família, todos os seres que passaram pela minha existência e deixaram em mim sua marca e sua contribuição!

Faria tudo novamente! Repetiria experiências, afetos, desafetos, mas complementaria com mais sabedoria, pois hoje a vida me proporciona mais do que ontem e, com certeza, amanhã terei mais do que hoje.

Uma sabedoria grata, mas nunca conformada!

Prefácio

EMPREENDEDORES, LÍDERES E PERSONALIDADES escrevem sobre suas experiências e seus aprendizados. Poucos o fazem com a naturalidade e a leveza com que Lásaro passa ao leitor sua história de vida baseada em inovação e empreendedorismo. O leitor se depara com os dois temas desde o início, e logo em seguida com o terceiro: trabalho, seguido de trabalho e um pouco mais de trabalho.

Não espere encontrar fórmulas mágicas e grandes sacadas. Esta leitura se baseia em experiências reais de um líder empreendedor que se fez buscando sempre aprender e fazer o máximo com as oportunidades que se apresentaram em sua vida. Obstáculos, conquistas e decepções sempre encarados com paixão, determinação e, acima de tudo, a lucidez própria das pessoas que já viveram e aprenderam o bastante para incorporar a humildade à rotina diária.

Lásaro desenvolve vários conceitos e técnicas de gestão ao longo do livro, incluindo o foco incondicional no consumidor, a disciplina de tomar decisões baseadas em critérios objetivos, como a pesquisa de mercado, a coragem de enfrentar os desafios, o foco para fazer o básico bem-feito com consistência, a disciplina para liderar pelo exemplo e para investir no capital intelectual e muitos outros. Tão importante quanto os conceitos apresentados é o enfoque sempre dinâmico e atual, característicos de sua crença absoluta na necessidade de inovar, inventar e reinventar constantemente.

O foco claramente é no resultado, e o caminho para o resultado é ilustrado por relatos de fatos com aplicação prática e útil para quem busca o enfoque mais pragmático – e até tático – que estratégico. Afinal, uma empresa, assim como uma ideia inovadora, tem de se manter, dar lucro e gerar caixa de maneira sustentável.

Acima de tudo, Lásaro é um gestor de gente, e, por trás dos episódios de sua trajetória, está sua habilidade de entender e se conectar com as pessoas.

Com certeza uma leitura produtiva e prazerosa.

Sergio Pedreiro
Diretor de Operações (COO) mundial da Revlon, já foi CEO da Estre Ambiental, CFO da Coty e CFO da ALL Logistics. Também atua como conselheiro de diversas empresas.

Sumário

8 Introdução: A paixão por inovar

18 Capítulo 1: Quer resultados melhores? Procure um oftalmologista

40 Capítulo 2: O básico bem-feito é o alicerce do sucesso

70 Capítulo 3: O líder do time dos sonhos tem as pessoas certas ao seu lado

98 Capítulo 4: Você já ouviu falar da tríade da realidade?

118 Capítulo 5: Cultura F.A., forte e adaptável

138 Capítulo 6: Inovação em todos os tamanhos

154 Capítulo 7: Os diamantes são eternos

Introdução
A paixão por inovar

NO UNIVERSO DOS NEGÓCIOS, inovar sempre foi um verbo capaz de separar o sucesso do fracasso. Quantas companhias tradicionais não ficaram em ruínas pela falta de inovação? Em contrapartida, pense nas empresas que, com atitudes no dia a dia, muitas vezes por meio de pequenas inovações, se destacaram em suas áreas, fazendo com que as concorrentes comessem poeira. Com isso em mente, temos de admitir que há muito a ser feito. De acordo com o Índice Global de Inovação (IGI), principal ranking mundial sobre o tema, o Brasil encontrava-se na desconfortável 66ª posição em 2019.[1]

Ficamos devendo mesmo entre nossos vizinhos. Apesar de sermos a maior economia do bloco composto da América Latina e do Caribe, nosso país conseguiu somente o quinto lugar como país mais inovador entre as dezenove economias da região, atrás do Chile (51º),

---

[1] GREGÓRIO, R. Brasil cai duas posições e agora é o 66º no principal ranking internacional de inovação. **Valor Investe**, 24 jul. 2019. Disponível em: https://valorinveste.globo.com/objetivo/empreenda-se/noticia/2019/07/24/brasil-cai-duas-posicoes-e-agora-e-o-66o-no-principal-ranking-internacional-de-inovacao.ghtml. Acesso em: 2 ago. 2020.

da Costa Rica (55º), do México (56º) e do Uruguai (62º).[2] Ao todo, o IGI classifica 129 economias com base em oitenta indicadores, entre os quais estão taxas de depósito de pedidos de propriedade intelectual, criação de aplicativos para aparelhos portáteis, gastos com educação, além de publicações científicas e técnicas.

Se tudo isso já era urgente, o que dizer agora, no novo mundo que surge a partir de 2020, sob os infinitos impactos sociais, culturais e econômicos da pandemia do novo coronavírus. É preciso destacar:

> **não estamos em crise, vivemos um momento ímpar de transição no planeta.**

Nesse cenário, inovar se torna imperativo. E quando falo em inovação, talvez você esteja pensando: "Bom, agora esse cara vai citar algo sobre a Apple, Steve Jobs ou o vale do Silício para abrir o livro...". Até poderia, mas, na verdade, quando me refiro a inovar, não estou necessariamente falando de grandes disrupções tecnológicas. Defendo há muitos anos que é possível fazer a diferença no cotidiano da empresa, criando rotinas produtivas por meio da inovação diária.

Digo que inovar já não é ter uma grande sacada, e sim fazer melhor, nem que seja um pouco melhor, o que os outros fazem. Fazer melhor hoje o que você fez ontem e fazer melhor amanhã o que fez hoje. É pensar diariamente em como atender melhor os clientes. Isso já significa uma grande taxa de inovação. E como sei disso? Porque, ao longo da minha carreira, em que posso dizer que "vim, vi e venci", a inovação sempre foi um importante motor para os resultados.

E aqui compartilharei alguns com você.

---

[2] DUTTA, S.; LANVIN, B.; WUNSCH-VINCENT, S. (ed.) **Global Innovation Index 2019**: Creating Health Lives – The Future of Medical Innovation. Disponível em: https://www.globalinnovationindex.org/gii-2019-report. Acesso em: 2 ago. 2020

INTRODUÇÃO

Depois de onze anos na farmacêutica Sanofi e quatro anos na Natura, em 2008 recebi uma proposta e fui trabalhar na Jequiti Cosméticos, empresa do Grupo Silvio Santos. Ao chegar, me deparei com uma companhia com faturamento anual de 20 milhões de reais e terreno fértil para crescimento.

Com muito trabalho e a inovação de todos os processos, oito meses após minha entrada saltamos para 53 milhões de reais. No ano seguinte, o faturamento chegou a 190 milhões de reais, que se transformou em 450 milhões de reais em um ano. Quando deixei a empresa, em dezembro de 2014, a Jequiti faturava 523 milhões de reais.

Convenhamos, nada mal para alguém que havia se graduado em História, e que, falando sinceramente, sempre teve mais aquele perfil de aluno do "fundão da sala". Aliás, acredito que essa seja uma boa hora para que eu me apresente melhor.

QUEM SOU EU?

Prazer, eu sou Lásaro do Carmo Jr., mineiro de um bairro da periferia de Belo Horizonte. Até a 8ª série do Ensino Fundamental, estudei em escola pública. Éramos uma típica família de classe média: minha mãe era professora e meu pai, um pequeno empresário. Entretanto, em determinado momento, a situação financeira na minha família melhorou e passei a estudar numa escola particular.

Após o período em que servi no 12º Batalhão de Infantaria do Exército e me formei na universidade, voltei para Belo Horizonte para dar aulas justamente na escola estadual onde havia estudado, uma rotina que durou três anos. Aos 23 anos, por me sentir profissionalmente frustrado, decidi trocar a lousa e a sala de aula por uma carreira como representante comercial (propagandista vendedor) na farmacêutica francesa Sanofi.

De certo modo, posso dizer que, até aquele momento, eu não sabia o que queria da vida. Popularmente conhecido como propagandista, o representante comercial da farmacêutica é aquele cara que fica visitando os médicos todos os dias. Foi nessa função que comecei a entender e a me apaixonar pelo mundo corporativo, por gestão e empreendedorismo. Nessa época, depois de apenas alguns meses como propagandista vendedor, fui promovido a gerente distrital na empresa.

> **Você sempre será fruto das suas relações com você mesmo, com a sociedade e com as pessoas com quem mais convive!**

E por que uma promoção tão rápida? Digo que em nossa vida as coisas são fruto de "sorte e competência". "Poxa, o cara começou falando de inovação e agora vem com esse papo de sorte...", você pode pensar. Mas posso dizer qual é a minha definição para o conceito: sorte se resume a, no mínimo, catorze horas de trabalho, extrema dedicação e pensamento positivo naquilo que você quer construir e realizar. Minha promoção foi fruto desses ingredientes. Aos 24 anos, eu já era gerente distrital e respondia por uma equipe de quinze pessoas. Um dia, estava fazendo uma apresentação na Sanofi e, após descer do palco, fui surpreendido pelo presidente da empresa, senhor Hélio Anastácio, que estava acompanhado pelo diretor de Recursos Humanos (RH), o Bae. O presidente me questionou: "Lásaro, o que você quer ser quando crescer?".

"Eu? Eu quero ser presidente de empresa antes dos 40 anos", falei de bate-pronto. E complementei: "Inclusive, vou começar a cursar Administração, porque sou formado em História". Ao ouvir aquilo, o presidente me disse: "Fique tranquilo, porque a partir de agora a sua educação é por nossa conta. Mas saiba que, para chegar ao topo da pirâmide, se você quer mesmo ser presidente de uma companhia,

INTRODUÇÃO

precisa entender de gente. Ser gente que move gente, gente que tira o melhor de gente. Queremos pessoas preparadas culturalmente".

O presidente acrescentou que, para ele, o mundo dos técnicos, engenheiros e matemáticos, por exemplo, acabava no segundo nível de direção. Para ser considerado para o primeiro patamar da pirâmide era preciso que o profissional fosse culturalmente preparado e que entendesse muito de gente. Isso mudou minha vida profissional. Apenas quinze dias depois, eu já estava matriculado na Fundação Getulio Vargas (FGV) para cursar Marketing Internacional, especialização custeada pela empresa.

Em paralelo, fui integrado a um projeto da Sanofi chamado Star Club International, algo restrito a apenas doze pessoas no mundo todo. Logo passei a ser gerente regional. E três anos depois de entrar na empresa como propagandista, eu me tornei gerente divisional de marketing e vendas, cargo com mais de duzentas pessoas sob coordenação. Mais adiante virei *head* da área de vendas. Digo que o segredo do sucesso é trabalho, trabalho, trabalho; foco, foco, foco; vontade, vontade, vontade. Comigo essa receita sempre funcionou.

Mas, veja, nunca foco no resultado. E sempre foco nos processos e nas atividades que o levam ao resultado. Foco no dia a dia, vinte e quatro horas por dia, sete dias por semana, trinta dias por mês, trezentos e sessenta e cinco dias por ano. Não demorou e novos desafios surgiram no horizonte, algo muito frequente em minha carreira. Naquele momento, o desafio atendia pelo nome de Natura.

"VEM PRA CÁ!"

Aceitei a proposta da Natura, o que se transformou em um período de dois anos de trabalho no Brasil e outros dois como *head* comercial na Argentina. Depois de mais de uma década na indústria farmacêutica, aprendia então sobre o rico mundo dos cosméticos. Sempre fui um empreendedor. Até ali, já havia montado uma confecção chamada Orangotango, havia tido um lava-jato, vendia e comprava carros. Eu me definia como um empreendedor, além de ser também um empreendedor corporativo.

Certo dia, o telefone da minha mesa toca. Do outro lado da linha, um *headhunter* me pergunta, após se apresentar: "Lásaro, você quer ser presidente de duas empresas no Brasil?". Coincidentemente, eu já estava a fim de voltar ao Brasil, então respondi que gostaria de entender melhor a proposta. Algum tempo depois, fui informado de que a proposta era para ocupar um cargo em empresas do Grupo Silvio Santos.

Na entrevista com o próprio Silvio, lembro que ele falou: "Lásaro, tenho duas empresas que quero que sejam grandes, a Hydrogen e a Jequiti. Elas estão mal e quero ampliar as vendas. Se você as fizer crescer, te deixo rico. Se isso não ocorrer, te dou um dinheiro e você as fecha para mim, paga todos os impostos, acerta tudo e me deixa tranquilo". Ficar rico ou receber um dinheiro para fechar as empresas. As duas possibilidades não eram nada ruins para mim na época. Quando recebi a proposta do Silvio, eu tinha 38 anos e morava na Argentina. Então, saí de lá e vim para São Paulo.

Em 2008, comecei como presidente da Jequiti e da Hydrogen, e iniciamos em escala muito grande com planejamento para os anos seguintes. As empresas decolaram a partir de inovações constantes. Os resultados foram aqueles que já compartilhei com você. Vendi a Hydrogen por quatro vezes o valor que o Silvio havia pago, e as coisas deram muito certo. Após seis anos e oito meses, deixei o Grupo Silvio Santos, mas até hoje tenho uma relação extremamente boa de amizade com o Silvio e a Cíntia Abravanel.

Durante um ano e três meses, estive na Jafra Cosméticos, período em que a empresa cresceu 35%. Depois disso, segui carreira solo e abri outros negócios, como a Capital Upgrade, a Optimize Consulting

– empresas de consultoria – e a Agência Boa Mais – que empresaria artistas. Desde abril de 2019, sou presidente da Jeunesse Global para o Brasil e a Argentina. Como você certamente percebeu, minha vida profissional é bastante movimentada, então talvez enquanto estiver lendo este livro eu já tenha feito outros movimentos, ou até adquirido novos negócios.

RUMO AO TOPO

Na carreira, claro que o sucesso é importante, mas também considero inestimável cada pessoa que passa pela nossa vida e agrega valor à nossa trajetória. Sou um cara extremamente apaixonado por construir e realizar, por tocar empresas e por gestão. Na minha carreira, até virar presidente de companhia, passei pelas áreas de logística, operações, transporte, finanças, marketing e vendas.

Além disso, meu aprendizado inclui negócios diversos, de lava-rápido e confecção de roupa até empresa de consultoria. Nem tudo foi êxito. Em 2016, investi e me tornei presidente mundial da Vitalyze.Me, uma companhia norte-americana de mapeamento genético. O negócio, porém, não deu certo, foi, na verdade, um fracasso total e perdi dinheiro, tempo e, o principal, energia e foco. Com isso, aprendi que não dá para acertar em tudo.

Após um breve período de luto pelo fiasco, me reergui, tornando-me conselheiro de empresas como Davines Brasil, Grupo Diamantes Lingerie, Santino, Grupo Sanya, holding Narsana, advisor do Banco TreeCorp e, depois, presidente da Jeunesse. Digo que ainda estou no meio da escalada do meu Everest pessoal e acredito que todos nós podemos chegar ao topo do mundo.

O que diferencia uma escalada da outra é o tamanho da montanha.

O megaempresário Jorge Paulo Lemann tem um Everest extremamente diferente do meu. Assim como Silvio Santos. Mas a luta é para chegar ao topo do nosso Everest, e esse é o meu objetivo.

É fácil perceber que tenho enorme paixão pelo que faço. Na realidade, nem considero trabalho tudo o que contei para você até aqui. Digo que me divirto catorze horas por dia, trezentos e sessenta e cinco dias por ano. Para mim, gestão é um prazer. Criar algo disruptivo, pegar empresas ruins e transformá-las em boas, ou pegar empresas boas e transformá-las em melhores ainda, esse é o meu negócio. É uma das coisas que mais gosto de fazer, sempre lembrando que a disrupção, na verdade, parte das pequenas coisas. Na vida, temos de ter a humildade de saber que aprendemos diariamente com tudo e com todos, que nunca "somos" e sempre "estamos" bem ou mal. Ninguém é tão pobre que não possa ficar rico nem tão rico que não possa ficar pobre.

Você sempre vai ser o responsável pelo seu sucesso ou pelo seu fracasso!

A inovação é algo a ser construído diariamente, no cotidiano da empresa. Esse é o modelo de negócio em que acredito: o básico bem-feito, o cuidado com os detalhes, a importância de testar, de acelerar quando dá certo, de parar e reavaliar se der errado.

É preciso ter gestão no dia a dia, na rotina produtiva, na qualidade das pessoas, de gente que move gente, pessoas integradas com o sucesso das companhias. Aprendi isso ao longo da minha carreira, que foi executiva e empreendedora ao mesmo tempo. Hoje continuo empresário, executivo, presidente de empresas. E espero continuar assim no mínimo até meus 90 anos.

Além disso, continuo ministrando palestras e sou professor convidado do MBA da Pontifícia Universidade Católica do Rio Grande do

Sul (PUC-RS) em seu programa de Educação a Distância (EAD). Uma das minhas diretrizes é dividir o conhecimento, eis a razão que deu origem ao livro que você tem em mãos. Como faço um montão de coisas porque adoro viver no caos produtivo, pensei: "Por que não mostrar como outras pessoas também podem fazer isso?".

É o que vou apresentar a você: o meu jeito de fazer gestão e de conseguir resultados nas empresas por onde passo – isso é o que mais importa: os resultados que você e o negócio ao qual está ligado – seja ele próprio ou não – apresentam.

Seja bem-vindo e obrigado pela confiança. Tenho certeza de que você não vai se decepcionar. Espero que esteja preparado para a jornada que, a partir da próxima página, vamos iniciar juntos. Vamos em frente!

Capítulo 1
Quer resultados melhores? Procure um oftalmologista

NÃO SEI SE VOCÊ JÁ REPAROU, mas muitos gestores encaram resultados pífios. À primeira vista, parece não haver uma resposta simples para isso. Ao longo da minha trajetória profissional, notei que a maioria das empresas passa a ter problemas ou começa a fracassar por razões específicas. A principal delas, sobretudo para as que já tiveram muito sucesso, é o que chamo de **miopia empresarial**. E o que é isso? Imagine um empresário, empreendedor, gestor ou executivo[3] que começa a achar que o sucesso do passado vai garantir seu presente ou, pior, assegurar o futuro. Pois é, trata-se de um grande equívoco.

Qualquer gestor deve entender que o sucesso de ontem não significa o êxito de hoje e muito menos o de amanhã. O comportamento do consumidor e os hábitos de consumo mudaram. Aliás, sempre mudam e seguirão assim. A partir desse pressuposto, a gestão e a forma de

---

[3] Ao longo deste livro, utilizarei os termos "gestor, empresário, empreendedor e executivo" como sinônimos.

atuar devem acompanhar tais movimentos. Na prática, no entanto, muita gente não percebe.

Por que alguns gestores ficam míopes após alguns anos de sucesso da empresa? E, mais, o que explica o fato de que, quando a companhia passa por uma derrocada, esses mesmos gestores não conseguem enxergar mais o caminho? É preciso considerar que grande parte dos seres humanos carrega os pequenos pecados da vaidade, da arrogância e da prepotência. Isso ocorre nas corporações, mas, principalmente, na mentalidade de muitos empreendedores.

Estamos falando de pessoas que levaram a empresa de determinado patamar a um nível cinco vezes maior. Conseguiram grandes resultados de gestão por meio dos processos desenvolvidos na época da criação do negócio. Muitos desses empreendedores saíram do zero e valorizaram a marca em muitos milhões de reais em determinado tempo, tenda em vista que tal companhia está no mercado há dez, quinze, vinte ou trinta anos.

No entanto, nesse cenário, é preciso entender um ponto vital: muito provavelmente o que foi feito há vinte anos para mudar a empresa pode não estar funcionando agora. Pode ser o movimento de sair do zero e chegar a um faturamento de 50 milhões de reais, ou, em outro momento, de 500 milhões de reais ou 1 bilhão de reais. Isso ocorre porque o mercado se transforma ciclicamente e, nos dias atuais, as mudanças são cada vez mais rápidas. A única certeza de que temos é que tudo que dá certo hoje não vai funcionar amanhã.

UMA "NOVA JEQUITI"

Forneço um exemplo prático. Muitos empresários me procuram e dizem: "Lásaro, quero que você crie uma nova Jequiti para mim. Quero que essa empresa saia do zero e chegue a x milhões em alguns anos, como você fez lá. Faça exatamente igual". Costumo responder: "É impossível".

Por quê? Simples, não adianta tentar replicar uma nova Jequiti, que saiu de 20 milhões de reais em 2007 para 523 milhões de reais em 2014, porque o mercado mudou. Os produtos, as pessoas e a demanda também são outros. Não há mais a capacidade de replicar o que o gestor fez no passado: o ambiente e o cenário mudaram.

E o que acontece com muitas empresas que nasceram do zero e tiveram sucesso em determinado período? O empreendedor ou o dono se acha o senhor da razão. Ele é mordido pelo pecado da vaidade, o pecado de que o Diabo mais gosta. Ele fala: "Só eu sei tocar este negócio, esta empresa depende exclusivamente de mim". Recentemente, ouvi algo assim em uma reunião de conselho de uma empresa. O dono disse: "Se não fosse por mim, esta empresa quebraria amanhã. Fui eu quem construiu isto, e o futuro desta empresa está em minhas mãos".

No entanto, ele apenas replica o modelo mental que tinha anos atrás. Repetir isso para tentar trazer o sucesso do passado para o futuro é algo extremamente míope. E isso certamente ocorre, caso se tenham passado cinco ou dez anos. Mas não é preciso mais que isso? O mercado consumidor, os hábitos de consumo e as necessidades de negócios se transformam. Provavelmente até as pessoas que estão tocando a empresa já não são as mesmas. E se você tem um público interno diferente, um público externo com hábitos de consumo diferentes e uma economia que mudou, é preciso adequar sua cultura.

Pior ainda: se, além do empreendedor tradicional, que é o cara que montou a empresa há vinte anos, todo o time continuar o mesmo desde o início, é quase certo de que a companhia inteira estará míope. Acrescente o seguinte: a cultura dessa empresa é extremamente forte. Por quê? Há vinte anos o dono é o mesmo, assim como os diretores e a liderança. Só que é uma cultura forte e defasada, quando deveria ser forte e adaptável.

Um agravante: caso esteja estagnada em um processo de sucesso do passado, algo que já não funciona hoje, essa companhia tende a quebrar, pois hoje vence quem melhor se adapta, e não o mais forte. Portanto, cultura forte não é necessariamente cultura vencedora. Vence a cultura que melhor se adapta às mudanças do meio ambiente, do mercado, do público interno e externo. Esse é o modelo que consegue levar uma companhia ao futuro.

Portanto, algumas das principais razões que promovem a miopia empresarial é o indivíduo transportar seu ego, sua vaidade e sua prepotência para um nível empresarial. Com o tempo, essa miopia executiva leva empresas e corporações ao fracasso. Esse é um dos primeiros passos para o insucesso.

ALÉM DA MIOPIA

Mas é claro que o problema da visão empresarial não é a única razão para o desastre. A falta de inovação diária, por exemplo, é outro motivo que leva companhias à derrocada. Em muitas ocasiões, as pessoas entram em uma rotina que não tem nada de produtiva, pelo contrário, são práticas completamente destrutivas. Dou um exemplo: imagine um indivíduo que chega às 8h da manhã na empresa e faz as mesmas coisas até as 8h da noite. Todos os dias, ininterruptamente.

> **O hábito deixa de ser produtivo quando começa a massacrar a criatividade e a inovação dentro das corporações.**

Trata-se de uma verdadeira reação em cadeia: se o empresário fica míope, a companhia começa a perder sua rotina produtiva e, com isso, passa a abandonar a criatividade diária. Algo que, sem dúvida, pode causar o fracasso de qualquer negócio, em qualquer área de atuação.

Escolher pessoas por simpatia é mais um processo crítico, capaz de afetar os resultados da empresa. Um profissional deve ser escolhido pelos resultados e pela entrega que gera. Sempre. Jamais por uma questão de amizade ou simpatia, compreende? Muita gente não se dá conta, mas trata-se de um erro profissional contratar pessoas por serem de confiança ou amigas. O amigo, o bonzinho, pode ser seu compadre ou batizar seu filho, mas não deve trabalhar para você. Para integrar seu time, a pessoa tem de ter entrega e resultados. A seleção das pessoas, portanto, é um ponto extremamente importante para o sucesso empresarial.

Outro aspecto essencial para os resultados é que o empresário fique sempre atento às mudanças. Ele deve entender em profundidade como está o comportamento do consumidor e de seus concorrentes, algo que deve nortear o que vai fazer todos os dias. Isso é um complemento da criatividade diária. Ao compreender o mercado e a cabeça do consumidor, você vai alimentando o dia a dia e a gestão da companhia e coordenando a estratégia para que você mesmo possa desempenhar um bom papel.

Por fim, outro ponto essencial é a existência de um bom plano tático, ou seja, de execução diária, mas é muito comum que as empresas não tenham isso estabelecido, e esse equívoco tem potencial de levá-las ao fracasso.

DIA OCUPADO *VERSUS* DIA PRODUTIVO

Agora que vimos os motivos que podem causar o fracasso das empresas, passemos a um ponto até mais sensível. Muitos gestores simplesmente não sabem o que fazer para mudar sua realidade e evitar os resultados ruins. Além do que já citei, como a miopia empresarial, o ego e a vaidade, muitos empreendedores se julgam sobrecarregados. É bastante comum gestores trabalharem bastante o mês inteiro, mas, ao final do período, os resultados não chegarem. Por que algo assim ocorre?

Há uma pergunta que a pessoa deve fazer todos os dias ao final do expediente: Tive um dia produtivo ou um dia ocupado? Uma grande parcela dos gestores acaba passando a maior parte dos dias na corporação, ocupados, mas não produtivos. Como diferenciar um dia ocupado de um dia produtivo? Em muitos dos seus dias ocupados, você teve duzentos e-mails para responder, parte por mera burocracia ou políticas internas, coisas que não o levam a nada.

Já em um dia produtivo você realmente gera negócio para a empresa. Nele, você gera dinheiro, valor, bom ambiente de trabalho ou cria estruturas culturais para prosperar na corporação. A análise que todos os gestores precisam fazer no dia a dia das corporações é: Estamos tendo dias produtivos ou dias ocupados? E essa diferença é um eixo vital para diferenciar uma rotina produtiva e de sucesso de uma rotina ocupada, burocrática e de fracasso.

A maioria dos gestores chega ao final do mês pensando no fechamento de suas vendas, no dia 30, no fechamento do resultado, mas não inovam no dia a dia, não pensam em como fazer diferente. E, para se ter dinheiro novo, tem de haver fato novo, conceito que veremos mais adiante. Antecipo que é de grande importância o fator novidade dentro das corporações, principalmente nos dias atuais.

O conselho que se pode dar a todos os gestores é que o período de trinta dias é suficiente para você pensar e repensar a metodologia, testar e verificar: se acertou, acelere; caso tenha errado, pare e tente de novo. Um mês perdido significa mais de 8% de um ano, algo que não pode ser ignorado. Portanto, devemos ir em frente, com uma rotina produtiva. Sabendo que dias produtivos são bem diferentes de dias ocupados.

ORGANISMO VIVO

Outra questão é que a maioria dos gestores não consegue enxergar o problema, como se precisasse observar a empresa de fora. Se fizessem isso, teriam de encontrar uma solução para um único objetivo: ajudar o consumidor final, gerando satisfação ao atendê-lo. Tal objetivo deve ser único e focado em evidências na área em que a empresa atua. Grande parte das corporações começa a fracassar a partir do momento em que para de pensar no consumidor final e começa a se preocupar com a burocracia interna – que somada à ausência de produtividade e à falta de uma rotina produtiva faz com que as empresas comecem a fracassar. E a maioria dos gestores não consegue ver a luz no fim do túnel porque se concentra muito nos afazeres diários. No entanto, temos de pensar o seguinte: tudo aquilo que foi feito na empresa por mais de dois anos, aquelas mesmas coisas, precisam ser avaliadas. É necessário parar, olhar e pensar:

→ Será que há caminhos mais produtivos?
→ Será que consigo executar melhor?
→ Consigo fazer essa tarefa de forma mais simples, mais rápida e mais produtiva?

Nunca esqueça: uma empresa é um organismo vivo, composto de células que se comunicam. Portanto, qualquer falha pode levar à disrupção negativa. Devemos ter rupturas positivas dentro da empresa, capazes de gerar resultados. É preciso evitar disrupções que levem a resultados negativos.

GESTÃO DO DINHEIRO

Ao analisar o universo corporativo, verificamos um problema que afeta todas as áreas das empresas: a falta de dinheiro. Como podemos interpretá-la? A falta de fluxo de caixa é resultado de má gestão. Dinheiro é um organismo vivo, portanto é vital ter um balanço entre as entradas e as saídas dos recursos. Automaticamente, se você tem problema de fluxo de caixa é porque está entrando menos dinheiro na empresa ou saindo mais do que entra. Ou as duas coisas juntas. Ou, às vezes, pode ser que esteja entrando muito, mas você também esteja gastando muito.

E o que é gestão financeira? Ela existe para fazer um balanço organizacional em que as entradas sejam sempre superiores às saídas, o que permite que você consiga manter um lucro líquido. No entanto, alguns pontos explicam por que muitas empresas ficam sem fluxo de caixa:

→ Estão vendendo pouco;
→ Estão comprando mal;
→ As margens não são adequadas;
→ Estão dando desconto demais;
→ Estão gastando muito nos custos da companhia;
→ Não estão controlando os custos fixos e variáveis.

Todos esses pontos levam a uma má gestão do fluxo de caixa. Acredite, a maioria das empresas não quebra por fatores econômicos ou má gestão ou, ainda, por depressões econômicas. Fracassam por falta de controle do fluxo de caixa. Portanto, esse ponto é o principal vetor para o sucesso da empresa.

QUEM CONTROLA O QUÊ?

Se você fosse estipular o que está sob o controle do gestor e o que não está, quais proporções essa divisão teria? Será que 50% a 50%? Ou mais coisas fogem ao seu controle? Pois, pela minha vivência, ainda que muito utilizem as crises, que são uma constante, como bengala para justificar o fracasso, posso dizer que 80% dos fatores críticos do sucesso estão em nossas mãos. Ou seja, somente 20% desses fatores não são controláveis.

E quais são os 20% que não são controláveis? Coloco nessa categoria o dólar, o câmbio, questões políticas, econômicas ou sociais, pontos relacionados à macroeconomia. Essas questões não são controláveis por nenhum gestor, empresário ou executivo, mas representam a menor parte dos fatores críticos de sucesso. O que significa dizer que a maior parcela é controlável: as vendas, o controle financeiro, o fluxo de caixa, a contabilidade, o planejamento estratégico, o plano tático, a escolha das pessoas, a atitude de colocar as pessoas certas no lugar certo, seu time etc.

"Poxa, Lásaro, mas então o que faz com que as empresas quebrem?", você pode perguntar. Eu lhe digo: gestão, liderança, falta de controle, falta de fluxo de caixa. Fatores econômicos relacionados a crises podem, é claro, impulsionar o fracasso. No entanto, não são os que considero decisivos. A título de exemplo, coloco a seguir um diálogo meramente ilustrativo para mostrar o tipo de conversa que costumo ter quando encontro um gestor que quebrou:

— Qual foi o motivo de você ter quebrado? — costumo perguntar.
— Foi a crise — uma resposta que já recebi incontáveis vezes.
— Mas qual é o seu segmento? — avanço, procurando entender.
— Loja de roupas — poderia ser uma resposta.
— Mas todas as lojas de roupas quebraram? — provoco.
— Não — responde a pessoa.
— Então, desculpe lhe dizer, mas a culpa foi sua — concluo.

Não há escapatória. Se todos os concorrentes desse empresário não quebraram, isso significa que ele fez alguma coisa errada. Em um caso como esse, a culpa sempre vai ser dele. Assim como o sucesso, o resultado de tudo aquilo que ele faz no dia a dia também sempre será um fator importante. As crises existem, claro, ninguém pode negar. Entretanto, não são fatores predominantes do fracasso de uma empresa. A não ser que todo um segmento desapareça.

Se você me disser que seu segmento de atuação desapareceu completamente, então, a culpa não foi sua. No entanto, caso seu concorrente esteja bem e você esteja mal, é sinal de que você não está executando bem 80% dos fatores críticos de sucesso variáveis que estão em suas mãos. Você está deixando aqueles 20% pesarem mais no negócio do que sua capacidade de gestão. Só aceito a desculpa de que a crise o quebrou se todos em seu segmento também tiverem quebrado. Do contrário, a culpa é sua. Você não fez sua lição de casa. "Ah, mas eu estava sem caixa...", alguém pode alegar, por exemplo. Bom, nesse caso, você não fez uma boa gestão e não se planejou. "Ah, mas o meu produto não foi bem aceito...", outro poderia dizer. Nesse caso, você fez uma péssima estratégia de inovação e de lançamento do produto. "Ah, o meu time era ruim...", costuma ser outra desculpa muito evocada. Mas quem montou seu time foi você.

Mais uma vez: a culpa é sua.

> **A culpa de um fracasso e a alegria de um sucesso sempre vão depender de você e do seu time.**

A culpa é sempre sua, assim como o mérito é sempre seu. Não adianta jogar a responsabilidade pelo resultado nas crises, no Estado, no governo, na política, no Lula, na Dilma, no Bolsonaro... Não adianta culpabilizar fatores externos, uma vez que 80% dos fatores críticos de sucesso nas empresas estão em nossas mãos. Somos responsáveis pelo sucesso e culpados pelo fracasso de nossas organizações em 99% das vezes.

Muitas vezes isso ocorre por procrastinação, ou seja, por deixar as coisas para depois; ou por contratar gente por confiança em vez de por competência; ou ainda por não exercer um plano tático diário. Isso tudo faz o negócio não dar certo.

LEI DO RETORNO

Se cuidar bem dos detalhes dentro de uma corporação, você vai encontrar Deus. Mas, se você não cuidar desses detalhes, é o Diabo que estará ao seu lado. A maioria das empresas falha por falta de um plano tático, de um acompanhamento das rotinas, do básico bem-feito.

A responsabilidade e a lei do retorno na companhia são implacáveis. Se você faz boa gestão, um bom controle dos indicadores, você terá resultado. Se não faz nenhum controle de indicadores, nenhuma gestão, não cuida dos detalhes do dia a dia, a responsabilidade é sua. Lamento, mas provavelmente você vai fracassar.

Além disso, muitos gestores vivem com a sensação de terem uma corda no pescoço, algo que os impede de andar e avançar. Essa sensação pode ser considerada uma recepção de boas-vindas ao mundo do empreendedorismo, ao mundo empresarial e corporativo. Dificilmente em um país como o Brasil, onde as instabilidades econômica, cambial e social imperam, um gestor vai ter a paz e a tranquilidade de um voo de cruzeiro. Ainda que sua empresa seja muito bem administrada, você pode sofrer consequências externas que podem lhe dar sustos.

Em contrapartida, se está bem gerido, certamente está bem mais protegido que seus concorrentes. A sensação de corda no pescoço, no entanto, muitas vezes ocorre porque você não está preparado do ponto de vista de fluxo de caixa, de solidez da empresa ou da organização.

FUGA, LUTA OU PARALISIA

É provável que você já tenha passado por algum período de insônia, preenchido por preocupações infinitas ou com a sensação de que estava em um trem desgovernado. Talvez isso até esteja ocorrendo atualmente com você. Afinal, trata-se de algo que está no dia a dia de muitos gestores. Apesar de sentirem o peso da responsabilidade, muitos não conseguem pensar em uma saída, o que faz com que se sintam incompetentes. Como podemos entender situações como essas?

Em momentos de dificuldade ou de crise, seja interna ou externa à companhia, todo gestor passa por três sensações: lutar, fugir ou estagnar. Cerca de 80% das pessoas adota uma atitude de paralisia. É a pessoa que afirma: vou parar tudo e esperar essa crise ou esse momento passar. Mas esse é o maior erro corporativo. Ou você luta ou você foge. E a melhor indicação que eu posso dar é: lute!

Por exemplo, se está em um momento de dificuldades para trazer receita para a companhia, vá a campo e busque entender a cabeça do consumidor. Notou que está mudando, observou o que seus concorrentes estão fazendo, pense em seu produto, analise e procure maneiras de voltar à retomada de crescimento. Verifique os canais de distribuição. Pense de que modo você conseguirá atender o consumidor final de uma melhor maneira, observando **quando** ele quer, **do jeito** que ele quer e **como** ele quer.

Utilizar canais de distribuição alternativos ou virar *omnichannel* são formas que você tem de atingir seu resultado. Por que a maioria dos gestores não consegue fazer isso? Simplesmente porque eles ficam presos ao passado.

No entanto, é preciso entender que a maior parte de tudo que foi feito no passado serve como base histórica, mas não é o que vai levá-lo ao futuro. Independentemente de qualquer coisa, uma grande parcela dos gestores acaba não descobrindo o caminho perfeito para gerar soluções por ficar presa e concentrada em burocracias internas. Se você tem um problema na empresa, por exemplo, se está saindo mais dinheiro do que entrando, está com fluxo de caixa desregulado, comece a fazer uma análise. Procure entender, por meio dos relatórios econômicos e financeiros, se seu problema é estrutural, se está na área de compras, no excesso de pessoal, se está gastando demais nos custos fixos e variáveis. Busque compreender isso.

A maioria dos gestores entra em pânico, sai cortando, causando mais dano à corporação do que levando a soluções. Foque em solucionar os problemas todos os dias, concentre-se em errar menos. Às vezes, quem ganha o jogo não é quem faz mais pontos, mas quem erra menos. Boa parte dos gestores fica presa na roda-viva do dia a dia e se esquece de que inovar é fazer melhor o que os outros já fazem, inovar é fazer um pouco melhor hoje o que você fez ontem. E amanhã melhor o que você fez hoje.

Essa é a rotina de quem não estagna e busca soluções e oportunidades na corporação. Olhe para dentro da corporação, procure os erros. Depois, olhe para fora e tente achar os acertos. Busque fazer melhor a cada dia aquilo que você já faz e que seus competidores fazem.

AS CRISES NA HISTÓRIA

Pode perceber: a cada nova crise no mercado, o gestor sente a necessidade de aprender a inovar e de fazer mais com menos. No entanto, a realidade é que muitos não sabem como. Por que isso ocorre? A história da humanidade e das empresas é cercada por crises. E toda crise traz aprendizado e evolução. Aliás, muitas vezes uma inovação promove uma crise em determinado setor. Peguemos o transporte na virada dos anos 1800 para os anos 1900. Nessa época, ele era feito em sua maioria por tração animal ou por via fluvial, por barcos.

Quando surgiram os primeiros veículos a motor, com a inovação dos trens de carga, o que aconteceu com esse mercado? Ele se transformou, e as pessoas tiveram de se adaptar a uma nova era. Estamos falando de um negócio de bilhões e bilhões de dólares. Hoje é quase inconcebível imaginarmos que em um mercado de transporte animal circulavam bilhões de dólares, mas era o que acontecia ao redor do mundo. A maior parte do modal era baseada em tração animal, quando virou tração férrea e, posteriormente, a motor, com a inovação dos carros. E, novamente, o que ocorreu? As pessoas se adaptaram.

Houve crise, uma depressão, desemprego em massa, mas as pessoas se adaptaram. Portanto, às vezes você tem crises às avessas. Não é só o mercado que promove uma crise empresarial. Em algumas ocasiões, a inovação e a evolução promovem crises nas corporações. Isso aconteceu também com a Era Industrial. A industrialização foi transformando as fábricas tradicionais, com a chegada das máquinas a vapor, seguidas pela queima de diesel e, posteriormente, pela chegada da eletricidade, até os tempos de inteligência artificial, informações, automação etc. Nesse percurso, crises ocorreram, funções desapareceram, outras surgiram, funcionários ficaram desempregados. Tudo em meio a uma necessidade grande de inovação.

Podemos falar sobre crises econômicas também. Após a Primeira Grande Guerra (1914-1919), ocorreram danos estruturais na economia mundial, que teve de se adaptar. Algo assim se repetiu após a Segunda Grande Guerra (1939-1945), sobretudo na Europa, mas que também afetou bastante o Brasil em razão do câmbio. A evolução, no entanto, veio por meio das pessoas. Mesmo com as duas grandes guerras, houve uma grande e brutal evolução industrial. O mercado se mostrava muito receptivo, logo tudo aquilo que era produzido acabava vendido.

Algumas décadas adiante, porém, tivemos algumas depressões econômicas, sobretudo no Brasil dos anos 1980, quando chegamos a encarar uma inflação de 70% ao mês. Diante dessa realidade, no entanto, criou-se no país um dos maiores, melhores e mais sofisticados sistemas bancários do planeta, reflexo direto das crises das décadas de 1970 e 1980. Afinal, isso foi necessário para fazer a gestão do dinheiro de terceiros em um país com cenário de megainflação e, onde, além do câmbio e do dólar, você tinha ativos, como carros usados ou imóveis, que valorizavam muito.

Nessa realidade, os empresários tinham estratégias completamente diferentes das de hoje. Era possível investir no estoque e ele se valorizar, o que não ocorre atualmente. Com isso, tivemos de ganhar sofisticação, com uma estratégia focada naquele período de inflação de 70% ao mês. Comprar à vista e estocar, algo que mudaria radicalmente a partir dos anos 1990. Posteriormente, nos anos 2000, tivemos várias depressões, como em 2008 – o que vejo como algo sempre positivo, uma vez que o melhor executivo é aquele forjado no caos. Quem não aprende com a crise, seja gestor, empreendedor ou empresário, é porque está em um estado de estagnação ou paralisia.

Em momentos de crise, depressão ou transição, o ser humano reage com fuga, luta ou paralisia. E a pior opção é a última, embora também seja a mais comum. Minha recomendação é aproveitar os momentos de crise para sofisticar, como ocorreu com o sistema bancário brasileiro nos anos 1980.

Os empresários investiam em estoque para poder ganhar dinheiro. Muita gente fez dinheiro nessa época, porque a estratégia era diferente. No final dos anos 1990, a estratégia era o contrário: investir o mínimo possível nesse ponto. Como não haveria valorização em ter produtos guardados, para que gastar muito com isso?

O momento de transição atual, a partir dos anos 2020, tem como característica uma digitalização brutal. A tecnologia está entrando em nossas vidas como nunca. O empresário e o gestor que souberem aproveitar isso vão caminhar para os próximos anos. Será um período muito focado em digitalização, em movimento de canais, no aumento de canais de distribuição, em inovação diária e em rotina produtiva.

FAÇA BEM O BÁSICO

Já citamos a miopia, a vaidade, o ego, a paralisia, entre outras fraquezas que acometem muitos empresários e empreendedores no país. No entanto, há pontos até mais profundos para entender essa questão. Por exemplo, por que muitos executivos não sabem fazer o básico de uma boa gestão?

> **O básico bem-feito é uma das premissas de um gerenciamento de sucesso.**

Não adianta querer sofisticar processos, reinventar sistemas, criar soluções, se a gestão comercial e do dia a dia, além do acompanhamento do fluxo de caixa e dos indicadores econômicos, não forem bem-feitos.

No entanto, muitos não conseguem fazer o básico bem-feito porque durante muito tempo os gestores achavam que tinham de ser estratégicos. Acreditavam que o plano tático não era importante. Uma boa estratégia sem um bom plano tático, porém, não quer dizer nada. O que traz o sucesso numa estratégia é a implementação diária, ou seja, o que você faz com ela.

Se todas as empresas pudessem fazer o básico bem-feito, a maioria teria sucesso. Mas grande parte não faz. Atualmente, as companhias entram em um "moedor de carne" e passam o dia fazendo *follow-up* sobre os problemas que ocorrem. Com isso, esquecem o planejamento, as rotinas e o acompanhamento bem-feitos. Um planejamento bem-feito requer um ponto máximo: gente. Pessoas cuidando, com dedicação e comprometimento acima da média, da realização do básico bem-feito dentro da companhia.

O FATOR GENTE

Começamos a falar de pessoas, de time, do fator gente. Outro ponto crítico é que muitos gestores não têm a equipe de que precisam por não saberem selecionar ou por não saberem gerenciar bem as pessoas. Quais são as razões para isso? Acredito que formar o time da empresa é um dos fatores básicos do CEO, do presidente, do empreendedor ou do dono do negócio. Nesse quesito, é preciso ter foco.

Penso que 80% do tempo de um presidente de empresa deve estar destinado a investir em gente. Isso inclui selecionar profissionais melhores que ele mesmo em áreas específicas. O que isso significa? Que um diretor financeiro tem de ser melhor que o próprio presidente em finanças. Assim como um diretor de marketing, um diretor de vendas e um diretor de operações devem ser melhores que o presidente em cada uma das áreas em que vão atuar. Isso vale para todas as áreas da companhia.

No entanto, a vaidade e o medo dos executivos de terem gente melhor que eles nas cadeiras abaixo são os fatores que às vezes atrapalham qualquer processo de seleção. Trata-se de um receio irracional de que essas pessoas possam ocupar o lugar deles. Há líderes que classifico como medíocres que têm medo de selecionar profissionais extremamente capazes por medo da sombra. Eu recomendo: busque trabalhar com gente melhor que você na empresa.

Esse é um dos capitais do negócio. Portanto, se você é dono, tome cuidado com o processo seletivo em sua empresa. Se possível, participe de alguns processos para cadeiras relevantes. No meu caso, não participo somente da contratação de diretores. Quando considero a cadeira importante, quero participar do processo seletivo para poder ter total certeza de que tenho gente certa no local certo ou que a pessoa tem o tamanho exato da cadeira e do papel que vai desempenhar.

TÁTICA *VERSUS* ESTRATÉGIA

No jogo do sucesso nos negócios, é primordial ter uma rotina produtiva pautada em doze horas por dia, sete dias por semana, trinta dias por mês e trezentos e sessenta e cinco dias por ano. O que quero dizer com isso? Uma enorme parcela dos gestores não consegue se organizar por falta de foco e disciplina e procrastinação. Todos se acham focados, mas, na realidade, focam no resultado. Concentrar-se no resultado é um erro de gestão. É preciso focar nos processos diários que o levam ao resultado.

Por exemplo, o que adianta focar em um resultado como vender 1 bilhão de reais no ano, se não tiver atenção ao que terá de fazer dia após dia? É preciso ter consciência de como você deve agir em todas as horas do seu dia, nos dias da semana, nas semanas do mês e nos meses do ano, para chegar no dia 31 de dezembro com 1 bilhão de reais em vendas e com x milhões de lucro na última linha de sua planilha. Contudo, infelizmente, a maior parte dos gestores tem um bom planejamento estratégico, mas um péssimo planejamento tático.

A maioria das pessoas tem orgulho de ser estratégica, mas vergonha de ser tática. No entanto, o jogo dos negócios é vencido com tática. Por isso, o sucesso é um esporte para poucos. Vamos avaliar um exemplo prático:

→ Todo gestor precisa planejar a semana, de segunda a sexta-feira;
→ No domingo à noite, ele faz um *overview* (uma visão geral) da semana;
→ Na segunda à noite, deve avaliar: Teve um dia produtivo ou um dia ocupado?
→ Quais são os afazeres importantes que não pôde fazer naquele dia e que ficaram para o dia seguinte? (Com isso, ele começa a se planejar para o dia seguinte.)
→ E, sempre ao final do dia, deve fazer um *overview* das últimas doze horas: O dia foi produtivo ou ocupado?

Tradicionalmente, a cultura organizacional das empresas cria o que chamo de **moedores de carne**, algo que bloqueia a criatividade dos gestores e dos funcionários. As pessoas passam o dia ali dentro, apagando incêndio e moendo carne. Com isso, o que ocorre com sua empresa? Ela fica igual a todas as outras e entra na média das corporações. Estão propensas à mediocridade e ao fracasso, assim como os seres humanos.

Aliás, não há diferença entre a gestão individual e a gestão corporativa. Na gestão individual de sua vida pessoal, você tem de colocar todos os pontos positivos e negativos, seus afazeres, os débitos, as receitas, e fazer um plano estratégico, além de um planejamento tático de execução durante toda a vida.

Já no mundo dos negócios, você vai colocar a organização inteira em cima da mesa, de maneira aberta, para poder colocar tudo o que é importante dentro da sua cabeça e passar a orquestrar as engrenagens, para gerar muito caixa, para que as entradas sejam maiores que as saídas, para que tenha uma cultura organizacional forte e adaptável, pois é isso que dá resultado. Para conseguir resultados, você deve se adaptar às mudanças que ocorrem no tempo, nos hábitos de consumo e na vida das pessoas.

Mas essa adaptação da cultura corporativa faz com que algumas pessoas tenham mais dificuldade de assumir o que é novo. Sem assumir o novo, criam-se hábitos antigos, que são bloqueadores da inovação, das rotinas produtivas e do sucesso. Logo, é crucial manter rotinas produtivas e um bom planejamento diário. Algo que também é muito difícil. O conselho que posso dar é: planeje-se.

Atualmente, tenho duas secretárias que controlam até meu tempo em reuniões e ligações. Elas me avisam quinze minutos antes do próximo compromisso ou se tenho de terminar um compromisso e ir para outro. A vida não pode ser automatizada, ela tem de ser extremamente controlada, com foco na produtividade, e não no nível de ocupação.

O CAMINHO PARA O CAOS PRODUTIVO

Pontuei ao longo deste capítulo os desafios que considero mais comuns no dia a dia dos gestores. Questões que são capazes de levar uma empresa ao fracasso, não importando quantas décadas acumule no mercado e quanto êxito tenha conquistado no passado. Fizemos uma radiografia daqueles que considero os principais erros que um gestor pode cometer no cotidiano corporativo. Defendo que, no fim do dia, o que importa é seu resultado. Portanto, todo empreendedor deve transformar sua realidade caótica em um caos produtivo que traga o lucro e a remuneração que deseja. Como?

Por meio de uma soma de fatores. Por exemplo, é necessário ter um planejamento que estabeleça a rotina produtiva, algo que é construído a partir das perguntas certas. Acredite, isso é de enorme importância para um bom plano tático e para a entrega de resultados. É o que faz a diferença entre as empresas que conquistam seus objetivos e as que seguem patinando ou terminam por fechar as portas. Veremos como desenvolver esse planejamento nos capítulos seguintes.

É preciso ainda compreender quais são os recursos disponíveis para desempenhar seu planejamento estratégico para os próximos anos. Afinal, para se tornar realidade, o plano deve estar alinhado com o fluxo de caixa, ponto determinante para você ter solidez para o futuro da empresa. Daí a relevância de se analisar os pontos críticos para o fluxo de caixa (poucas vendas, margens baixas, excesso de despesa, custos fixos e variáveis altos, falta de gestão). Sem dinheiro, a empresa está fadada ao fracasso, então esse aspecto precisa ser gerenciado diariamente.

Acrescento outro conceito.

> **É preciso construir um fato novo para ter dinheiro novo.**

Vamos nos aprofundar nisso, mas posso adiantar o essencial: para ampliar suas receitas, as empresas precisam inovar e reinventar processos e produtos, sempre em sintonia com as mudanças detectadas no mercado e em seus consumidores. Para isso, deve-se ter um time alinhado com tal compromisso. Veremos os trajetos para o desenvolvimento desses fatos novos.

Em geral, as companhias quebram não por falta de estratégia, mas pela ausência de um bom plano tático. Por falta do básico bem-feito. Os procedimentos em gestão não são difíceis, mas as pessoas não os fazem. Por isso, as empresas de consultoria ganham milhões e milhões. Diante de tudo isso, um conselho aos gestores: analise sempre, pense no longo prazo, mas cuide bem da rentabilidade da companhia no curto prazo.

Nas próximas páginas, vamos mergulhar e detalhar algumas vacinas e antídotos para os males que mencionei ao longo deste capítulo. Para que sua empresa se mantenha saudável ou conquiste ainda mais sucesso. Você pode chegar lá com trabalho, foco e vontade. Se quer saber o caminho, vamos em frente!

Capítulo 2
O básico bem-feito é o alicerce do sucesso

NO CAPÍTULO ANTERIOR, fizemos uma espécie de voo panorâmico, em que observamos os problemas que considero os principais no cotidiano das companhias, aqueles com maior impacto sobre os resultados. A partir de agora, quero compartilhar com você, em profundidade e mais detalhes, cada um desses pontos, mostrando como é possível atenuá-los ou solucioná-los. Trata-se de um aprendizado feito a partir de décadas de conhecimento teórico aplicado à prática nas empresas pelas quais passei.

Para começar, vamos falar de algo que vejo com muita frequência: a ausência do que é básico em gestão no dia a dia dos gestores. Você consegue imaginar uma edificação de três andares sem um alicerce? Pois é algo assim que muitas vezes observo por aí. Em vez de construir uma base sólida, muitos empreendedores pulam essa etapa essencial. Mas, posso garantir, trata-se de um erro muito grave. Primeiro devemos estabelecer uma fundação consistente para, depois, nos preocuparmos com sofisticações das estratégias da rotina da empresa.

Quer um exemplo? Muitos empresários se perdem no momento em que precisam fazer uma gestão simples, utilizando para essa tarefa os recursos que já possuem. Mas, acredite, além de ser altamente possível, isso ainda permite criar uma cultura de lucratividade. Há muitos anos, quando eu estava em um nível intermediário da minha carreira como gestor, escutei uma frase do professor Vicente Falconi, escritor e consultor: "em geral, as coisas em gestão são muito simples. O problema é que as pessoas não as fazem". Ou seja, as pessoas deixam de fazer o simples.

Após ouvir isso, comecei a cuidar muito de todos os processos, procurando sempre fazer o que chamo de **básico bem-feito** dentro de uma gestão completa. E o que é isso? Passa pelo bom controle do fluxo de caixa e pela mediação das saídas com base nas entradas. Por exemplo, não se trata de gastar primeiro e depois tentar vender para pagar. É exatamente o oposto: o gestor deve primeiro vender para poder investir o dinheiro. É preciso começar a controlar os indicadores de gestão comercial, como tíquete médio, valor por pedido e por cliente.

Em paralelo, deve-se fazer a gestão do portfólio, cuidar do pós-venda, entendendo como deixar o cliente satisfeito nessa etapa. Também inclui trabalhar a recompra de cada cliente com um marketing e atendimento individualizado, além de compreender a frequência e o tamanho do pedido por cliente. Nesse trajeto, você passa a analisar tudo aquilo que, de tão básico, deveria ser rotina nas empresas, mas não é. Outro ponto inclui a realização de avaliações de desempenho dos funcionários. Sugiro que as pessoas sejam reconhecidas com base na meritocracia, por meio de uma avaliação desenvolvida com base em 80% pelo desempenho individual e 20% pelo coletivo.

Tudo o que citei até aqui é o mínimo que um gestor deve fazer na corporação.

> É preciso que o empreendedor comece a dar valor a quem realmente gera resultado.

Também deve analisar todas as rotinas, a fim de verificar se estão sendo ocupacionais ou produtivas. Olhe para a empresa e reflita: há muitas rotinas que simplesmente ocupam tempo, mas não agregam valor a nada.

Diante disso, é o empresário quem precisa identificar e substituir aquilo que pode ser considerado perda de tempo e, em seu lugar, adotar rotinas que realmente gerem produtividade. **Rotina produtiva.** Coloque em seu radar. Vamos fazer com que nossos funcionários tenham dias produtivos em vez de dias ocupados?

Todos esses quesitos são fatores de gestão básica que podem ajudar no dia a dia. Vamos a outro exemplo. Imagine que você vai lançar um produto. O que isso exige? Bom, se eu fosse o gestor, analisaria muito bem diversos aspectos, como:

→ Quem é o meu público-alvo?
→ Há diferenciais competitivos?
→ Como é a margem de contribuição do produto?
→ Com o volume de vendas estimado, será que conseguirei pagar todos os custos e as variáveis?

Todo produto deve ser lançado se a margem estiver adequada. Outro ponto, ao lançar esse produto, será que ele atende o meu consumidor ou abre um leque de novos consumidores? Quais são os desejos e os anseios do meu cliente?

SÍNDROME DE SEMIDEUS

Todas essas questões-chave precisam ser respondidas antes do lançamento. Estamos falando de pontos relacionados a uma gestão básica bem-feita, mas que a maioria das pessoas ainda não faz. Acredite, em pleno ano de 2020, enquanto digito estas linhas, muitas empresas ainda lançam produtos com base no desejo dos donos.

Certa vez, escutei um empreendedor do ramo de bares, muito famoso no setor, aliás, afirmar que não estava "nem aí para a cabeça dos clientes". Sem esconder o orgulho, dizia que, ao lançar um produto, levava em consideração apenas a própria opinião, ou seja, se ele gostava de algo, lançava.

Esse é um excelente exemplo do que não fazer. Trata-se de um erro crasso, adequado a uma mentalidade de séculos passados, quando o cara pensava: "Se eu gostar, o meu cliente vai gostar. Eu faço para mim". Vamos pensar nisso: se ele faz para ele, está partindo do pressuposto que os gostos e os desejos dele são maiores ou iguais aos desejos da média das pessoas que ele atende. Ou então esse gestor se sente uma espécie de semideus.

Ao afirmar que não liga para o cliente, que liga apenas para as próprias opiniões, que tudo o que faz é para si e para seus gostos pessoais, ele se coloca acima dos demais. Se eu fosse fazer algo parecido, me guiando pelos meus gostos, eu não venderia nada. Meu padrão de consumo e gosto por produtos é completamente diferente do da maioria das pessoas que conheço. Sobretudo em relação ao público consumidor dos meus produtos. Atualmente é assim, e comigo sempre foi.

Portanto, fazer o básico bem-feito consiste em cuidar de todos os detalhes, zelando pela primazia na execução; e, no momento de lançar um produto, cuidar de todos os indicadores relacionados ao funil de inovação.

É preciso ainda criar indicadores financeiros e econômicos na empresa, a sua DRE (demonstração do resultado do exercício). Também é indispensável verificar se os indicadores econômicos estão batendo com os indicadores financeiros ao longo do tempo.

Qual é a diferença entre eles? Os indicadores econômicos apresentam dados por competência, naquele momento em que o gestor está analisando o mês. Já o financeiro por vezes está atrelado a transações parceladas no cartão de crédito, ou seja, com isso você tem entradas com datas diferentes no regime de caixa. Na linha do tempo, no entanto, os dois indicadores devem ter uma coerência. Portanto, são necessárias essas análises. O básico bem-feito é uma filosofia em que acredito muito.

Nessa perspectiva, outra tarefa é analisar o comportamento do consumidor de tempos em tempos. Alguns pontos a serem avaliados:

→ Será que esse produto está satisfazendo as necessidades do meu cliente?
→ Será que meu consumidor precisa de um serviço novo?
→ Há como melhorar meu produto ou serviço?
→ Será que a ótica, as necessidades e os desejos do meu consumidor mudaram?

Sempre devemos analisar a ótica, a necessidade e o desejo dos consumidores porque são três coisas distintas e relevantes na tarefa de fazer o básico bem-feito no atendimento e na melhoria contínua. Ao avaliar o momento da empresa, reflita se ela vem crescendo de forma sustentável ou se foi provocada por alguma espécie de bolha momentânea. Todas essas ações são primordiais para se fazer o básico bem-feito.

Embora seja algo fácil de ser realizado, pela minha experiência, acredito que cerca de 80% das empresas não executam bem o básico bem-feito. E por quê? Em razão daquele conceito de "moedor de carne" que há em muitas companhias, onde rotinas massacrantes e outros problemas corporativos estão muito presentes no dia a dia.

COMO CONSEGUIR MAIS DINHEIRO

Falamos do básico, mas agora quero compartilhar com você uma das minhas principais filosofias de vida na gestão corporativa, das mais importantes na administração do dia a dia:

Fato novo, dinheiro novo e fato velho, dinheiro velho.

Qual é o significado disso? Para uma empresa conseguir dinheiro novo, terá de ter o que chamo de um fato novo. Em contrapartida, se você, gestor, só tem fato velho, vai ter dinheiro velho. No passado, quando alguém fazia um orçamento em sua empresa, era comum colocar como meta um crescimento de 30% em relação ao ano anterior. A partir disso, repetia o que havia feito no ano anterior, talvez com um pouquinho a mais ou a menos de investimento em dinheiro. Se o mercado crescesse, você cresceria junto. Fim.

Sempre acreditei que se alguém faz as mesmas coisas, conseguirá ter apenas o mesmo dinheiro. Mas, caso essa pessoa faça algo diferente, poderá conquistar dinheiro novo. Vou ilustrar com um diálogo que já ocorreu comigo em mais de uma ocasião, com indivíduos diferentes. Começa com alguém dizendo para mim, com certa aflição:

— Lásaro, quero muito ficar rico. Preciso trabalhar para conseguir enriquecer.

— Ok, e o que você faz? — sempre pergunto.

— Ah, estou no mesmo emprego há vinte anos, na mesma posição. E, durante esses vinte anos, só consigo a mesma quantia de dinheiro... — a pessoa costuma responder.

— Mas se você está no mesmo emprego por vinte anos, na mesma posição, você vai ganhar o mesmo dinheiro — é o que digo, visto que o máximo que a pessoa pode conseguir é um reajuste de inflação ou por reivindicação do sindicato.

— Por quê? — diz, espantada, a outra pessoa.

— Fato velho, dinheiro velho — concluo.

Ou seja, se quer transformar sua vida, você deve ter algo disruptivo. Quanto mais fato novo, mais dinheiro novo você conseguirá. Vamos imaginar um comerciante. A pessoa que tem uma loja e atende os clientes da mesma maneira há três anos terá o mesmo dinheiro durante esse período.

A não ser que o mercado se aqueça e, em frente do comércio, comece a passar mais gente com dinheiro no bolso e disposta a gastar mais. Para quem tem uma loja nesse ponto, seja há três anos, seja há dez anos, se quer dinheiro novo, deve trazer um fato novo.

Outro ponto importante é criar fatos novos em todas as variáveis da companhia. Por exemplo, considere realizar uma comunicação diferente do que a que você fez até hoje: crie um fato novo na comunicação. Ou faça um investimento em marketing, um produto diferente do que você já tinha.

> **Produto novo = fato novo = dinheiro novo.**

Se você mantém o mesmo portfólio, tem de fazer ações diferenciadas para seus produtos, a fim de que gerem dinheiro novo. É vital trabalhar com fatos novos para trazer dinheiro novo.

A mesma lógica pode ser aplicada quando pensamos nos canais. Se tenho uma empresa e começo a desenvolver novos canais de distribuição, trago dinheiro novo. Imagine que você está acostumado a trabalhar com *retail* (varejo) tradicional e abre uma modalidade de *e-commerce*. Com isso, você tem um fato novo que vai trazer dinheiro novo. Mais adiante, você inicia a venda porta a porta, e já são dois fatos novos. Por fim, você abre franquias e tem três fatos novos somente em canais de distribuição. O que significa dinheiro novo em canais de distribuição.

Ao pensar na comunicação, também é possível criar fatos novos. Isso ocorre, por exemplo, se você passa a comunicar pelas redes sociais e inicia uma comunicação on-line e off-line integrada. Outro ponto de diferenciação é no marketing: você pode fazer um marketing 360°. Portanto, somente aqui vimos algumas possibilidades em canais de distribuição, comunicação e marketing. Tudo para disputar, cada vez mais, o que chamo de a **íris do consumidor**, algo que está diretamente ligado ao fato novo, dinheiro novo. Mas o que significa tal conceito?

VISÃO, CORAÇÃO, CÉREBRO E BOLSO

Antigamente, uma empresa precisava disputar o *share of pocket* (bolso) do consumidor final ou do consumidor em potencial. Para isso, no entanto, era necessário competir antes pelo *share of heart* (as questões emocionais) e o *share of mind* (os pontos racionais). No cenário atual, porém, é necessário primeiro competir pelo *share of view*, ou seja, cada milímetro da íris de seu consumidor, algo cada vez mais importante.

Seu produto ou serviço precisa se destacar para atrair a visão do consumidor em meio a um turbilhão de outras informações visuais. Tal disputa deve ser pensada em todas as formas, tanto on-line quanto off-line, seja no marketing, seja na comunicação. Somente com isso bem estruturado vêm as questões emocionais, o que significa que seus produtos e serviços precisam ter apelo emocional para que sejam desejados pelos consumidores.

Mais adiante, passa-se aos pontos racionais, como se seu produto ou serviço tem preço justo, que benefícios ele oferece. Você precisa compreender por que o consumidor está comprando um produto ou serviço. Para ele, vale o custo-benefício? Por fim, somente quando tudo tiver sido equacionado, você vai conseguir disputar o bolso do consumidor (*share of pocket*). Ou seja, você vai conseguir efetuar sua venda de fato.

Por todas essas razões, fica evidente como o conceito de fato novo é importante no mundo atual. Tudo começa por atingir a íris, depois você vai pleitear o coração, em seguida disputar o cérebro. Tudo isso para, por fim, atingir o bolso dessa pessoa. Logo, observe como o mundo mudou. Há todo um roteiro obrigatório a ser seguido para quem deseja se destacar no mercado. Erra quem ignora ou subestima cada uma dessas etapas.

Para ter fato novo, portanto, é necessário desenvolver ações disruptivas novas, fazer algo que você nunca fez. E mais: você tem de criar fatos novos diários, semanais, mensais, na área de distribuição da empresa, na comunicação, no marketing, nas operações. Somente assim, com isso tudo muito bem realizado, você vai começar a disputar o *share of view* de seu cliente, com apelos visuais e de comunicação, o *share of heart* e o *share of mind*, o lado racional de seu cliente.

INFORMAÇÃO ONIPRESENTE

Como estamos vendo, o que valia no passado para as empresas não exerce o mesmo efeito hoje. O que explica isso? As informações estão cada vez mais disponíveis e todo mundo as tem. Ao mesmo tempo, elas não servem para nada se não forem bem utilizadas. Trabalhar com informação, portanto, é uma obrigação mercadológica. Digo atualmente que meu filho de 9 anos tem a mesma informação que eu. O que vai diferenciar cada gestor e cada empresa é o que se faz com ela. O que só você faz? Portanto, o que é feito a partir disso é que vai trazer fato novo e dinheiro novo.

Outro ponto sobre a importância desse conceito é que atualmente é preciso ter disrupção na rotina. Ela deve ser produtiva. Com isso, é imprescindível observar as oportunidades do cotidiano, que geram fatos novos e dinheiro novo. Portanto, não basta ser somente uma ação mensal. Você deve promover procedimentos diários. É primordial trazer fatos novos para dentro de sua companhia como parte de uma rotina produtiva.

Com isso, você terá sucesso contínuo e receitas crescentes, uma vez que esses fatos novos lhe trarão dinheiro novo. Sempre ressaltando, no entanto, que um fato novo fica velho rapidamente. Daí a importância de ter gente criativa dentro da companhia. Capital intelectual não se economiza. Poupar no capital intelectual é a maior burrice que um empresário ou líder pode fazer. Busque o fato novo para sempre ter dinheiro novo. Por quê?

Porque quem divide riqueza nunca reclama de pobreza.

Mas talvez você ainda esteja se perguntando: "Como começar a trazer fatos novos para dentro da minha empresa?". Inicie por partes. Primeiro, escolha uma área da companhia, como a comercial. Em seguida, analise tudo o que você fez nela nos últimos três anos. A partir disso, comece a buscar variações.

Por exemplo, se você trabalha no canal de *retail*, traga o *e-commerce*. Após se estabilizar nele, busque alguém de rede social, que tenha muita influência em determinada área, e faça uma parceria. Depois, traga a venda porta a porta. Dentro dela, você pluga o *e-commerce* e usa a loja de *retail* como centro de distribuição. No canal de distribuição, é possível pensar em outros dez exemplos, ao menos.

Outro modelo prático disso está no marketing. Que tipo de marketing você está acostumado a fazer? Vamos supor que só realize o boca a boca. Que tal começar a trabalhar off-line? Ou, às vezes, trabalhar as redes de televisão, que estão ficando cada vez mais baratas. Há quem ache que não funcionam mais, porém ainda dão muito retorno. Ou por que não trabalhar jornal ou revista? Fazer marketing em *busdoor* ou rádio?

Se você não tem dinheiro, escolha ao menos um no off-line e um no on-line. Mas trabalhe o marketing digital de verdade, como o Google Ads. Que tal trabalhar em plataforma de venda ou em redes sociais?

Fazer campanhas no digital? As pessoas estão cada vez mais dentro dos celulares. O smartphone passou a ser um prolongamento da mão de cada indivíduo. E quanto ao produto? Comece a diferenciar o produto no mercado com coisas simples. Por exemplo, um *repack* (reembalagem) da marca ou um sabor novo.

Você precisa entender a cabeça do consumidor. Todos os fatos novos estão dentro da cabeça do consumidor ou do possível consumidor. Ou nos desejos que eles ainda nem sabem que têm, mas que você pode, com a barriga no balcão, identificar por meio de pequenas atitudes e trazer ações novas. Fato novo nada mais é que a soma das microações diárias corporativas que vão gerar dinheiro novo.

Por exemplo, ninguém mais vive sem um smartphone. A primeira coisa que você fazia ao acordar há vinte anos era ir ao banheiro. Hoje, a primeira coisa que você faz é pegar o celular, depois vai ao banheiro. E, quando vai ao banheiro, leva seu smartphone. Experimente sentar no vaso sem o telefone na mão. Você entra em pânico. Não há mais vida sem smartphone. Diante disso, sua empresa tem de estar em um smartphone, independentemente de qual seja seu negócio.

HORA DE MEDIR TUDO

No dia a dia da empresa, você já parou para pensar sobre a importância de se estabelecerem indicadores, como os financeiros e os econômicos, e fazer o controle diário do fluxo de caixa? Da mesma maneira, já refletiu sobre a relevância de fazer projeções seguras de desembolso com despesas e investimentos? Pois saiba que é muito importante para uma companhia que os próprios indicadores sejam criados, para se ter boa gestão, boas análises, despesas, receitas etc.

Todo gestor tem vários indicadores. Os considerados primários para uma boa gestão são os comerciais, os econômicos e os financeiros. No mínimo, uma companhia tem de ter uma DRE, um indicador

O QUE IMPORTA É SEU RESULTADO

econômico que permite analisar a receita bruta, a receita líquida, os impostos, os custos fixos e variáveis, o seu Ebitda[4], suas despesas extraoperacionais. Nesse indicador, o gestor consegue verificar as entradas, todas as despesas operacionais, fixas e variáveis, e as extraoperacionais, que são as financeiras.

Por meio da análise de uma DRE, uma vez por mês, é possível começar a tomar nas mãos as rédeas dos indicadores econômicos da empresa. E, muito provavelmente, depois o gestor vai precisar dos indicadores financeiros, que incluem um bom fluxo de caixa. Mas para que serve o fluxo de caixa? Trata-se de um instrumento para se entender qual é o capital necessário para operar no mês vigente, nos próximos meses e até nos próximos anos.

Em geral, quando fazemos um planejamento estratégico da empresa, projetamos um fluxo de caixa para dois, três ou cinco anos. Mas como é feito? É preciso se basear em todas as perspectivas de receitas do mês, assim como em todas as possíveis despesas do período. Mês a mês, ano a ano. Dessa maneira, é possível ir projetando o fluxo de caixa, com base nos recebimentos e nas receitas programadas, assim como a partir das despesas que a empresa também tem, mês a mês.

Com essa programação de receitas e despesas, você faz o fluxo de caixa. Um indicador econômico, como a DRE, pode ser considerado a base, assim como uma boa peça orçamentária. Ela é o pano de fundo de todo o plano estratégico, de todo o *business plan*. No processo de gestão, é extremamente importante trabalhar ao menos com os indicadores econômicos e financeiros. Mas, claro, há vários outros indicadores, em todas as áreas da empresa.

Em um passo adiante, você pode trabalhar com indicadores da área de marketing, comercial, operações, logística etc. Com isso, terá um controle total dos indicadores que vão promover o resultado operacional

---

[4] Ebitda é a sigla em inglês para *Earnings before interest, taxes, depreciation and amortization*. Em português, "Lucros antes de juros, impostos, depreciação e amortização", também conhecida como Lajida.

da companhia. Mas é importante que a empresa tenha o básico bem-feito também nessa área. Para isso, os demonstrativos econômico e financeiro devem ser discutidos todos os meses após o fechamento.

Assim como não é recomendável que um piloto conduza uma aeronave sem todos os instrumentos funcionando com perfeição, o gestor também deve ter todos os indicadores à mão para ajudá-lo na jornada.

ERROS DE PREVISÃO

Para se ter uma DRE assertiva, você deve usar o modelo-padrão de mercado. Nele, há a receita bruta, de onde devem ser retirados os descontos comerciais e abatidas as doações. Com isso, você chega à receita líquida, de onde devem ser descontados os impostos e subtraídas as despesas fixas e variáveis. Com isso, chega-se ao Ebitda. Depois se passa para o extraoperacional. É muito importante você ter sob controle a margem de contribuição da companhia. Esses dados são primordiais para fazer a gestão.

Ao observar bem os indicadores econômicos, é possível entender como estará seu fluxo de caixa futuro. Acertar na previsão da meta de vendas mês a mês é algo importante. Por exemplo, quando erramos essa previsão de vendas para mais, ou seja, você planeja uma receita muito grande e ela não vem, provavelmente haverá problemas.

Imagine que você comprou para uma receita grande, adquiriu produto para vender muito, mas vendeu pouco. Com isso, você terá dificuldades no fluxo de caixa, no pagamento e um problema maior em seu estoque. Por consequência, estará com dinheiro parado no estoque ao mesmo tempo que vai precisar pegar dinheiro em banco e pagar juros para cobrir seu fluxo de caixa.

Em contrapartida, se erra para baixo e faz uma projeção de venda em seu indicador econômico muito modesta, o que ocorre? Faltará produto e você perderá venda. Portanto, a receita de vendas, se projetada para mais ou para menos, causa problemas na companhia, ocasionando falta de venda ou excesso de estoque, o que significa dificuldades no fluxo de caixa.

No momento de se fazerem as previsões, portanto, é muito importante procurar ser o mais assertivo possível. Por isso, sou muito a favor de que o gestor tenha um especialista para fazer o planejamento de sua demanda, o *demand plan*. Esse profissional vai ajudar a fazer as previsões mensais e anuais da receita da companhia e, automaticamente, auxiliar no planejamento dos custos com estoque, com investimento em marketing, com base na receita que virá. Trata-se, portanto, de um ponto bastante estratégico.

VENDA COM QUALIDADE

Nos dias de hoje, é muito comum que as pessoas se preocupem muito com a venda, mas não observem a qualidade dessa venda. Isso é parte do que chamo de miopia empresarial. Quando o fluxo de caixa está baixo, a maioria dos empresários se desespera. Com isso, muitos começam a vender a qualquer preço, passam a dar descontos e bonificações, a fazer promoções do tipo "compre 1 e leve 2" ou "compre 1 e leve 3" etc. Queimam o estoque para fazer caixa. Já que erraram na previsão de vendas e compraram muito mais do que estão vendendo. Dessa maneira, o gestor consegue até forçar um *sell in*, uma venda, e atingir o resultado. Entretanto, com isso você destrói sua margem.

Uma venda somente pela venda é vaidade do empreendedor ou desespero por causa do fluxo de caixa. Às vezes pode ser uma necessidade, mas não pode virar rotina. Digo isso porque se você não tiver lucratividade, somente o ato de vender não significa nada. O gestor pode ter uma empresa de 1 bilhão de reais com resultado negativo. Vemos isso em alguns mercados. Há empresa com resultado de 1 bilhão de reais ou 1,5 bilhão de reais, mas que, quando vemos a última linha, o chamado *bottom line* (lucratividade), o *operation com*, o Ebitda, está negativo. E por quê? Entre uma série de outros fatores, isso ocorre quando a empresa acaba vendendo a qualquer custo ou precifica mal no lançamento de seus produtos ou serviços.

Na hora de lançar um produto ou serviço, é muito importante fazer uma boa precificação. Por exemplo, sua margem de contribuição 1[5] deve ser suficiente para pagar suas despesas fixas e variáveis, cobrir seus investimentos, as despesas com marketing e as comissões etc. É vital para a saúde da empresa que você, desde o início, faça a precificação. Todo empresário deve se preocupar muito mais com a receita operacional Ebitda que com a receita de venda. Como disse,

vender por vender não significa empresa lucrativa.

Em alguns casos, uma grande companhia é deficitária, assim como, às vezes, uma empresa pequena é extremamente lucrativa. Portanto, a venda não pode ser considerada, por si só, um indicador operacional positivo. Obviamente, se você tem boas vendas, há mais chances de obter sucesso. Mas qual é a qualidade dessa venda? Você está vendendo com margem? Vende com a margem de contribuição adequada? É a pergunta que fica. Está cobrindo todos os custos?

Logo, sempre que pensar em crescer, deve considerar: qual é o custo desse crescimento? Vale a pena faturar 1 bilhão de reais com descontos X, Y, Z, mas com margens baixíssimas? Ou é melhor ter uma empresa que fatura 100 milhões de reais com alta lucratividade? São todos pontos que devem ser pensados. Vender por vender não é um diferencial competitivo. É preciso qualidade de venda. E isso depende de vários fatores.

---

[5] Margem de contribuição = valor das vendas − (custos variáveis + despesas variáveis).

PESO DOS DESCONTOS

Como avaliar esse indicador? Em primeiro lugar, como você compôs seu preço lá no início? Será que colocou a margem adequada? Caso seu preço esteja competitivo com o mercado, uma pergunta: Você precisa realmente entrar em uma guerra de preços? Ou será somente uma bengala da área comercial para querer vender mais facilmente. Você comprou com baixo custo? Se o gestor compra com baixo custo e vende a preço justo, provavelmente, ele tem uma boa margem. Tudo depende da maneira com que a pessoa adquire seu produto ou sua matéria-prima e com a forma que ela usa para poder fazer sua precificação. Se você tiver uma fábrica, está trabalhando de forma eficiente? Ao compor a receita prevista para o ano, a margem de contribuição do produto, por SKU,[6] é suficiente para pagar as despesas da companhia? Começa aí.

Com isso, você vai montar seu planejamento de venda. Tal venda com um nível de desconto, seja de 10%, 15%, 20% ou 50% de desconto, é saudável para companhia? Cada caso é um caso, depende da empresa, do mercado e do segmento, mas estas perguntas têm de ser feitas: Quanto ela me deixa de margem de contribuição 1? Vamos supor que deixe uns 30% de margem 1. É suficiente para cobrir todas as minhas despesas fixas, variáveis e ainda as extraoperacionais, ou seja, as financeiras? Consigo chegar no *bottom line* positivo praticando esses descontos?

A miopia brasileira consiste em sair aplicando desconto ou vendendo a qualquer custo, seja por vaidade do empreendedor, seja por falta de fluxo de caixa e excesso de estoque. Algo que pode fazer com que a empresa acabe fechando operacionalmente negativo ao final do ano. É muito comum empresas terem resultado de venda fantásticos durante o ano e, no final do período, fecharem a operação no negativo. Isso ocorre porque o gestor provavelmente não calculou a

---

[6] SKU é a sigla para *Stock Keeping Unit* (Unidade de Manutenção de Estoque).

precificação do produto lançado, de suas inovações, ou não calculou o peso do composto promocional no ano. Foi ineficiente na fabricação, comprou mal ou falhou na gestão.

O conceito de peso do composto promocional significa o nível de desconto, de doação, de campanha, de publicidade que o gestor aplica para conseguir atingir aquela venda. Se ele for pesado demais, vai consumir toda a margem e você vai ter um resultado operacional negativo. Trata-se de algo que acontece muito nas empresas.

Às vezes me perguntam: "Lásaro, mas como é possível? Se o cara compra por 'x' e vende por '2x'...". Ok, vamos pegar esse exemplo de alguém que comprou por "x" e está vendendo por "2x". Imagine que, desse "x" excedente, ele aplique 20% de desconto, faça uma promoção "compre 1 e leve 2", o que já consome mais x%, e, por fim, prorrogue por um prazo financeiro para 30, 60, 90, 120, 170 ou 200 dias, o que consome mais um custo financeiro. No final das contas, com os impostos, os custos fixos e as despesas de investimento em marketing, acaba com uma receita operacional negativa.

Portanto, é muito importante ter uma boa formação de preço e analisar o peso da composição promocional dele. Além de ser eficiente na compra, na fabricação e na gestão. Esse peso, por exemplo, é um esforço que o gestor faz para conseguir atingir aquela venda. Do contrário, uma empresa com vendas altíssimas, mas sem lucratividade, passa a ser somente uma vaidade.

AVALIE SEU MARKETING

Já falamos sobre a análise da DRE, dos indicadores econômicos e financeiros, do fluxo de caixa, enfim, de tudo aquilo que chamo de básico bem-feito. A partir disso, outro ponto importante no processo de gestão é a maneira como se avaliam os indicadores. Ao analisar a DRE, por exemplo, há despesas de marketing e comerciais, o que, a depender do seu tipo de negócio, trata-se de um dinheiro muito importante. Para controlá-las é importante estabelecer os KPIs[7] de marketing e venda, algo que precisa ser monitorado em reuniões semanais de diretoria. Alguns exemplos de KPIs de venda:

→ Desconto;
→ Bonificação;
→ Margem de contribuição por produto;
→ Margem de contribuição geral da venda.

Há outros pontos que devem ser considerados: quais são as performances mais adequadas para seu produto? Por exemplo, "compre 1 e leve 2" ou "20% de desconto"? O que precisa ser entendido é que o gestor deve começar a criar KPIs independentes para o negócio, a fim de que seja possível fazer uma análise comercial adequada. Em paralelo, quais são os indicadores de marketing?

→ Qual é a sua taxa de inovação?
→ Quanto da sua receita vem de inovação?
→ Quanto do seu investimento em publicidade é destinado às inovações?
→ Quanto do seu investimento em comunicação é destinado às inovações?
→ Quanto do investimento em marketing você destina a produtos que já são uma "vaca-leiteira"?
→ Quanto do investimento em marketing você destina ao seu marketing institucional?
→ Quanto investe em endomarketing?

Você deve começar a criar indicadores de marketing e venda para poder controlá-los e, automaticamente, aprimorar seus indicadores econômicos, melhorando seu Ebitda. Afinal, seus descontos na área comercial

---

[7] *Key Performance Indicator*, que também pode ser chamado de Indicador-Chave de Desempenho, ou *Key Success Indicator*.

e seus investimentos em marketing precisam ser suficientes para promover um crescimento da companhia, mas sem destruir sua margem. É necessário ter "elasticidade de venda *versus* margem de contribuição".

Nesse aspecto, por exemplo, uma estratégia de sucesso consiste em alcançar um crescimento de 30% em suas vendas e, em paralelo, um aumento no percentual do seu Ebitda e na margem de contribuição depois do investimento feito. Portanto, é muito importante tomar cuidado na hora de fazer promoções, tanto comerciais quanto de marketing, e sempre tentar calcular o retorno sobre investimento (ROI) em cada uma delas. Mas você só vai conseguir ter o ROI ou o *payback* das ações comerciais e de marketing se puder controlar de maneira individual. Daí a importância dos indicadores.

Como já ficou claro, na área de vendas é muito bom que sejam definidos alguns pontos, como "desconto máximo", "prazo máximo", "bonificação máxima", "ações de merchandising", "ações de ponto de venda" etc. Você precisa começar a mensurar tudo isso. Já na área de marketing, você precisa saber:

→ Quanto está investindo em publicidade em suas inovações?
→ Quanto está investindo em publicidade em sua "vaca-leiteira"?
→ Quanto está investindo em marketing institucional?
→ Quanto essas ações estão gerando de crescimento e de fluxo de caixa positivo?

E o que significa esse último ponto? Trata-se do crescimento de venda, mas que na margem de contribuição do Ebitda também tem resultado positivo. Por exemplo, se as vendas crescem 30%, você tem de aumentar o Ebitda em 20%. Mas, quando citamos o Ebitda, qual é a relação com o fluxo de caixa? Bem, o Ebitda trata da capacidade que a empresa tem de gerar caixa.

Portanto, o conceito de resultado operacional ou de Ebitda é um indicador econômico que ecoa diretamente no fluxo de caixa futuro.

Lembrando que todos os KPIs de vendas e marketing bem direcionados resultam em um Ebitda melhor, ou seja, em indicadores econômicos melhores.

Como sempre digo, uma empresa é um organismo vivo, composto de células, que são as pessoas, e de órgãos, que são os departamentos. Cada um deles, pessoa ou departamento, contribui para o resultado completo da companhia. E as ações de gestão nada mais são que a compilação, a organização e o planejamento das atividades de todos os departamentos, alinhadas com o propósito de gerar um resultado único.

ROTINA PRODUTIVA 365 DIAS POR ANO

Se há uma bíblia que sigo, ela se chama rotina produtiva 365 dias por ano. Sempre digo que o que ganha o jogo dentro das corporações não é um planejamento estratégico bem-feito. O jogo é vencido quando se tem um plano tático bem elaborado no papel, mas também depende do que você faz com seu plano tático no dia a dia, que é reflexo do estratégico, da implementação bem-feita 365 dias por ano. São catorze horas por dia, no mínimo, sete dias por semana, trinta dias no mês, doze meses no ano. É aí que se ganha o jogo.

E o passo mais importante para poder ter essa rotina produtiva dentro da corporação é com o envolvimento de todo o time. Afirmo que tal empenho começa muito antes da criação da estratégia. Tem início quando a cultura corporativa e organizacional da empresa transmite a seus colaboradores **o que ela é** e **aonde quer chegar**. Todo planejamento estratégico tem de ser elaborado desde a concepção até a criação do plano tático pelos diretores executivos da empresa.

Apesar de ser dono de uma consultoria, que também elabora planejamento estratégico, sou absolutamente contra planejamentos estratégicos criados por terceiros e impostos aos colaboradores de uma empresa. É preciso ter um time de diretores que seja suficientemente bom para pensar o momento que a empresa vive. Eles também devem ser capazes de refletir sobre o passado que a companhia viveu e planejar o futuro dela por ao menos três ou cinco anos.

Para mim, essas pessoas têm de trabalhar o planejamento estratégico da companhia, que, ao ser concluído, deve se transformar em um plano tático. Esse plano precisa ser elaborado em detalhes para que possa ser executado pelos 365 dias do ano. Com tudo isso determinado, o gestor cria rotinas produtivas que levarão a uma execução com primazia dos planos tático e estratégico para se chegar ao objetivo final.

Reforçando que o foco não deve ser no resultado, mas, sim, nos processos e nas ações que vão levar você ao resultado desejado. Esse comprometimento precisa partir da liderança. Mas como começamos a trazer esse comprometimento para o time de funcionários de uma companhia com a execução, o plano tático e a rotina produtiva? Em primeiro lugar, todos na companhia devem saber quais os objetivos da empresa para o ano atual e para os próximos, do presidente ao funcionário que está na base da hierarquia. Todos precisam compreender:

→ Quem nós somos?
→ O que queremos ser?
→ Qual é o nosso objetivo anual?

ATÉ O CAFÉ É PRODUTIVO

Além de o gestor garantir que todos saibam qual é o objetivo da empresa, ele também deve liderar pelo exemplo. Na minha empresa, toda vez que vou tomar um cafezinho e chego perto dos diretores, costumo agir de maneira similar. Vamos supor que vejo o diretor comercial. Com um sorriso no rosto, passo a perguntar: "Olá, meu amigo, tudo bem? Como foram as vendas do mês passado? Você fechou com quanto? E esse mês, estamos no dia 15, você está com quanto em vendas? E o desconto que você praticou esse mês? Quantos por cento está dando de desconto? Quantos clientes já atenderam esse mês? Tem algum cliente com problema? Tem alguma promoção especial?".

Ou vamos imaginar que encontro o diretor financeiro no café. As perguntas poderiam ser: "Como foi o Ebitda do mês passado? Tem apresentação de resultado esse mês? Quais foram as nossas margens de contribuição 1 e 2? A gente fez algum empréstimo? Temos algum ponto de atenção este mês? Há alguma novidade financeira?". O que quero dizer com esses exemplos, seja na informalidade, seja em reuniões formais: você efetua perguntas inteligentes, que fazem com que seus diretores tenham de se comprometer para poder responder.

E, repito, faço isso sempre com um sorriso no rosto. Naturalmente. No início, quando você começa a encontrar essas pessoas ali, no cafezinho, e fazer essas perguntas, elas fogem de você. Mas garanto que em pouco tempo isso muda, e elas passam a procurá-lo para mostrar que estão acompanhando os indicadores. Mostrar que sabem das informações. Portanto, se você quer criar uma rotina produtiva na companhia, comece a cobrar uma rotina diária dos funcionários a todo momento. Faça isso com doçura, não é preciso mandar. Passe perto dele e diga: "Como é que está o seu dia? Quais suas tarefas de hoje? Seu dia está produtivo ou ocupado?".

O funcionário tem de sentar na cadeira dele, sabendo o que tem de fazer das 8h da manhã às 8h da noite, hora a hora. Ele precisa ter planejamento do que fazer e quanto tempo demora para fazer cada coisa. Logo, a bíblia do sucesso determina que você deve ter rotinas produtivas. O segredo é conseguir todos os dias terminar o expediente e afirmar: "Meu dia foi muito mais produtivo do que ocupado". E, como já vimos, há uma diferença brutal entre dias produtivos e dias cheios e ocupados.

O produtivo é aquele em que você, ao final, tem total convicção de que realizou alguma coisa que gerou valor para sua companhia, seja financeiro, seja qualitativo, mas que, literalmente, gerou algum valor. Se você chegar ao final do dia e perceber que ele foi preenchido por burocracia, você saberá que teve um dia cheio, em que respondeu muitos e-mails, teve várias reuniões, mas não gerou produtividade. Com isso, a gente começa a ter problemas dentro da companhia.

Portanto, é muito relevante o que você faz. Não o que você apenas planeja. É muito importante a forma com que você conduz sua rotina para gerar produtividade. E um dos pontos para você medir isso é fazer uma análise ao final de todo dia:

"Meu dia foi produtivo ou ocupado?"

Trata-se de algo que todos os funcionários da companhia que tem importância relevante para o resultado final da empresa devem fazer. Pergunta obrigatória diária. Minha bíblia, portanto, é ter mais dias produtivos, com rotina produtiva, do que dias ocupados. E tudo começa com a elaboração de um planejamento bom estratégico, do plano tático e, depois, com a execução diária, ao longo dos 365 dias do ano.

METAS AJUSTADAS

Um ponto que considero extremamente simples, mas que pouca gente faz com assertividade é o acerto das metas. Isso ocorre porque há negócios complexos, difíceis de acertar. E também algumas vezes há falta de competência das áreas de venda ou de planejamento de demanda. Ao elaborar o planejamento estratégico, você está programando as receitas para os próximos anos, as entradas de receitas de vendas. É preciso levar em consideração que, se você errar as projeções de venda, sendo otimista demais ou pessimista demais, isso trará consequências.

Na hora de elaborar seu planejamento de vendas para o ano, se o gestor for otimista demais, perderá dinheiro por criar estruturas físicas e de investimento para atender a uma receita que não vai se concretizar. Imagine alguém que se planejou para vender no ano 100 milhões de reais ou 200 milhões de reais, mas alcançou uma receita de apenas 50% disso. É muito provável que esse gestor tenha comprado um estoque de mercadoria ou montado uma estrutura operacional com pessoas para atender a uma receita de 200 milhões de reais que não veio. O que isso pode acarretar?

Certamente, vai arrebentar com o fluxo de caixa. É bem possível que esse empresário tenha tomado dinheiro emprestado em um banco para comprar um estoque que se encontra parado, pagando juros desnecessários. E agora terá de vendê-lo. Pior ainda se a empresa produzir algum tipo de item perecível, algo com validade, como cosméticos ou produtos farmacêuticos. Em uma situação como essa, o gestor estará em maus lençóis e terá um enorme desafio para resolver. Se não conseguir resolver, comprometerá o resultado. Perdendo produtos, por validade, pagando juros desnecessários a bancos, perdendo muito dinheiro.

Já quem trabalha em uma empresa em que o prazo de validade dos produtos não é um problema, a exemplo de autopeças ou de uma usinaria, menos mal. Ao menos do ponto de vista da validade e da perda de produto. Os produtos somente vão demorar para sair. Esse empresário não terá problemas de perdas com validade, mas vai encarar desafios com seu fluxo de caixa. Quando você erra na meta sendo otimista demais, acaba comprando um estoque muito alto, e o gestor será obrigado a fazer promoções e vender com pior qualidade, pois terá de dar mais desconto, conseguirá menos margem e ainda correrá o risco de ter produtos vencendo no estoque.

No entanto, assim como ser otimista demais causa problemas, ser pessimista não é bom. Se um gestor faz um planejamento estratégico e de vendas em que as receitas são subestimadas, ele monta uma estrutura enxuta e compra pouco estoque. Mas o que acontece? A demanda é muito grande e o empresário acaba por cortar a venda de todos os produtos. A empresa atende mal seu consumidor final, uma vez que haverá falta de produtos. Isso gera uma demanda reprimida e consumidores infelizes com a marca. Você anunciou e não tinha para vender.

Guarde bem uma frase: "Não vender é sempre a pior opção". Deixar de fazer uma venda pode ser considerada a pior decisão dentro de uma companhia. É preferível vender com menos margem e ganhar alguma coisa do que não vender e não ganhar nada. Além disso, quando perdemos uma venda, ela simplesmente não volta, uma vez que é gerada uma insatisfação no cliente, que vai comprar outra marca. Provavelmente, esse consumidor vai trocar sua marca por outra. Ou seja, você estará fortalecendo sua concorrência.

FALTA DE AÇÃO ASSERTIVA

Dessa maneira, portanto, é muito importante ter uma pessoa ou uma área dentro da companhia em crescimento que seja responsável por estudar em profundidade o histórico de vendas, as possíveis demandas e o mercado. É preciso investigar a performance das inovações de seus produtos ou serviços para calcular a venda futura. Mas, em vez disso, o que vejo ocorrer nas empresas com frequência é algo bem diferente.

Muitas companhias planejam uma venda extremamente alta, mas não criam ações assertivas para fazer com que o cliente consuma aqueles produtos. É a velha história do "fato novo, dinheiro novo e fato velho, dinheiro velho". Não são desenvolvidas atitudes e ações efetivas para gerar uma demanda para cada um dos produtos.

Há gestores que acreditam que basta colocar determinado produto no mercado que ele vai se vender sozinho, mas a resposta é simples: não, não vai! Reafirmo: para ter dinheiro novo, é preciso ter fato novo. Insisto nisso porque é uma regra básica do sucesso. São necessárias inovações diárias e na rotina.

Tal aumento só vai se concretizar a partir de um fato novo que gere verdadeiro valor para seu consumidor, ações para fazer girar seu produto. Algo que faça seu cliente ou um novo cliente ficar disposto a pegar um dinheiro que ele não gastava com você e passar a desembolsar com sua empresa. Logo, estamos falando de gerar fato novo.

Daí a grande importância do acerto na previsão das metas. O sucesso da empresa depende de você calcular e planejar metas assertivas e investimentos à sua altura para realizar as vendas do período. Também deve haver inovação suficiente para fazer com que os consumidores desejem seus produtos e serviços.

O que você cria deve satisfazer a necessidade dos consumidores para que você consiga vender. Também deve haver austeridade nos custos. Tudo, portanto, está extremamente relacionado. É preciso um planejamento de venda disruptivo, altamente crescente. "Ah, Lásaro, mas quero sair de um patamar anual de 100 milhões de reais de venda para 200 milhões de reais", alguém pode cogitar. Minha resposta é: você tem de ter inovação diária, fato novo para gerar dinheiro novo. Investimento suficiente. Mas inovação onde? Em produto, serviço, rotinas, comunicação, canal de distribuição... Trata-se de fatores importantes e complementares. Quer dinheiro novo? Tem de ter canal de distribuição novo, mais inovação, comunicação nova, fatos disruptivos que atendam seu consumidor final. Não há atalhos nesse caminho.

SONHO SEM AÇÃO É SÓ UM SONHO

Já falei que o importante não é somente a ideia que você tem, mas a forma com que a executa. Uma ideia fantástica, brilhante, porém mal executada, não é nada. Em contrapartida, uma ideia mediana, mas bem executada, gera algum valor e resultado. Simples assim.

Portanto, quando digo que o plano tático e uma execução 365 dias por ano é mais importante que uma estratégia, devemos pensar o seguinte: o gestor sabe aonde quer chegar e como quer chegar. Logo, a estratégia dele está nesse objetivo. Mas há muito além disso. Algumas perguntas obrigatórias:

⟶ Quem vai executar?
⟶ Quem vai medir?
⟶ No dia a dia, quem vai planejar?
⟶ Quem vai fazer *follow-up*?
⟶ Quem vai cobrar o resultado?
⟶ Quem vai estar na ponta, fazendo a entrega necessária?
⟶ O meu time está bem preparado?
⟶ Quais são os prazos para o cumprimento das tarefas?

Tudo isso compõe o tático. Trata-se do básico bem-feito, raiz da implementação de uma estratégia de sucesso. Lembre-se sempre da estratégia média bem executada e da estratégia fantástica mal executada. Portanto, é extremamente importante você entender que as ações implementadas durante todo o ano o levarão ao resultado que você planejou. Repito para que fixe isso em sua mente: o foco não tem de estar no resultado, mas nas ações e nos processos que o levarão ao resultado.

E, para implementar bem, a primeira questão é: Quem vai fazer? Resposta: gente. Nas empresas, tudo de bom e de ruim começa e termina no fator gente. Tudo que é sucesso ou fracasso começa e termina em gente. Tudo que tem qualidade ou não começa e termina em gente. Ainda não criamos uma empresa cuja dependência do capital intelectual seja mínima. Por mais tecnológico que você seja, precisa de capital intelectual.

Diante disso, suas ações todos os dias valem muito mais que as grandes ideias. Ninguém consegue ganhar dinheiro simplesmente com uma grande sacada, mas mal implementada. Entretanto, você consegue ganhar dinheiro com uma sacada tradicional e rotineira, mas executada com primazia e perfeição. Isso inclui todos os detalhes analisados, executados e cobrados. Para isso, você precisa de gente. Para executar, cobrar, além dos indicadores para medir tudo.

Esse é o complexo processo da gestão. Mas depois que você o entende, ele fica muito simples. No entanto, até entendê-lo, o empresário se pergunta: O que eu faço? Como faço? Quando faço? Onde faço? Responder a tudo isso é o que separa a rotina produtiva da rotina burocrática, aquela em que simplesmente cumprimos uma rotina. Por tudo isso que a estratégia sem execução não é nada. Já a estratégia bem executada é o segredo do sucesso, um verdadeiro fator crítico para o êxito nas companhias.

O plano tático da companhia é mais importante que o estratégico. Por quê? Se você tem uma boa ideia, mas não a implementa, não adianta nada. Todo mundo tem boas ideias, algumas delas fantásticas. No mundo, não faltam pessoas que acordam pela manhã e dizem "eureca, tive uma boa ideia". No entanto, quase ninguém a executa. E a execução do dia a dia é um fator primordial do sucesso nas companhias. Não adianta ter grandes sacadas e ideias geniais se não as executar bem no dia a dia.

E, para executá-las bem no dia a dia, para implementar bem as estratégias, você precisa de gente certa no lugar certo. Precisa de gente apaixonada pelo *fazer*, gente que move gente. Precisa de gente que tira o melhor de gente. Sempre. Como já disse, o melhor e o pior sempre começarão e terminarão em gente. E não dá para ter uma grande sacada sem essa qualidade na implementação. A implementação com primazia e bem-feita sempre será fator crítico de êxito das empresas.

Mas apenas começamos a falar da enorme importância do aspecto humano nas empresas, há muito a dizer sobre o papel da liderança, da seleção e da gestão de equipes, por exemplo. É exatamente o que veremos a partir do próximo capítulo. Vamos em frente!

Capítulo 3
O líder do time dos sonhos tem as pessoas certas ao seu lado

JÁ ABORDAMOS A IMPORTÂNCIA de fazer o básico bem-feito, de criar fatos novos para ter dinheiro novo e de ter bons indicadores. Nenhuma empresa, porém, consegue isso se não tiver bem equacionado o fator humano.

Economizar no capital intelectual é burrice!

Isso inclui as relações entre os diferentes níveis da hierarquia desse verdadeiro organismo vivo que é uma companhia. Nesse contexto, o papel de liderança ganha enorme destaque. Uma das perguntas mais frequentes que me fazem é sobre as etapas e os caminhos que um bom profissional deve percorrer para ser um bom líder. Você já parou para pensar sobre isso?

Digo que os líderes considerados excepcionais já nascem com esse dom. Essa afirmação, no entanto, por vezes é encarada como algo controverso. Estou me referindo àqueles líderes que são verdadeiros aglutinadores de multidões, uma vez que demonstram ter a capacidade de mover as pessoas de forma extraordinária. São os mais fantásticos nessa arte. Esses líderes extraordinários e excepcionais nascem assim e podem ter as qualidades lapidadas, assim como um diamante raro. Essas pessoas têm um talento e um carisma únicos, que não se aprendem tecnicamente.

No entanto, qualquer um de nós pode se tornar um bom líder, desde que faça um trajeto adequado. Acredito que as pessoas somente podem guiá-los por caminhos que já tenham percorrido. Há aquele pensamento: "a palavra convence, mas o exemplo arrasta". É uma verdade, algo perfeito para definir o papel da liderança. O bom líder arrasta, pois move por meio do exemplo. Portanto, todo e qualquer indivíduo pode se tornar um bom líder desde que trate as pessoas ao redor com respeito, empatia e educação. E entenda que, por trás de todo ser humano, há dores, defeitos, qualidades e potencialidades.

Quem deseja se tornar um bom líder deve focar em extrair o melhor de cada um. Não adianta simplesmente fazer uma gestão baseada em números, deve entender também que há um lado pessoal que não pode se misturar ao campo profissional. O bom líder é aquele que motiva e atrai, aquela pessoa que os liderados gostam de ter como modelo. No entanto, o primeiro passo é percorrer o caminho. É preciso trabalhar duro e mostrar que você é uma pessoa que sabe fazer, um exemplo a ser seguido. Sempre que for um exemplo a ser seguido, há grande espaço para ser um bom líder.

Quando digo que líderes excepcionais nascem com essa característica, dou exemplos. Pense no reverendo norte-americano Martin Luther King Jr. (1929-1968), no ativista indiano Mahatma Gandhi (1869-1948) ou no primeiro-ministro britânico Winston Churchill (1874-1965). Todos eles foram lideranças importantes em suas épocas e mudaram o mundo, seguidos por multidões. Vamos analisar, porém, um quarto nome: o austríaco Adolf Hitler (1889-1945), comandante supremo do Partido Nazista da Alemanha.

A escolha é para reforçar que aqui estamos falando de liderança e não das qualidades morais de alguém. Justamente, quando falamos de Hitler, trata-se de alguém que partiu de uma teoria ariana, separatista, preconceituosa e racista. Mesmo assim conseguiu dividir o planeta ao meio. Alguém pode afirmar: "mas, por trás dele havia muita gente...". Não interessa! Quem estava lá na frente, subindo ao palco, mostrando aos seguidores que valia a pena trabalhar em sua teoria ariana era Hitler.

Era ele quem aglutinava multidões. Por onde passava, era idolatrado pelas pessoas de seu país. Portanto, muito mais que um bom ídolo, tendo em vista que na realidade foi uma personalidade maligna, ele foi um líder aos olhos de seus seguidores. Mas que formação ele tinha em liderança para se preparar dessa forma? Nenhuma. Digo mais. Iguais a ele, tivemos no Brasil alguns presidentes que, na minha opinião, eram verdadeiros babuínos acéfalos, seres verdadeiramente medíocres. Contudo, também nasceram com uma inegável e extraordinária capacidade de liderança para aglutinar multidões.

E não é difícil compreender como isso ocorre. É preciso, no entanto, começar a entender melhor o funcionamento das engrenagens que explicam os líderes excepcionais. Imagine que hipoteticamente seja colocado um grupo de dez crianças para conviver em uma sala durante algum tempo. Com isso, começa a ser feita uma análise do comportamento dessas crianças. No local, há um menino com perfil de valentão, que bate e quer comandar os demais à força. Em geral, ele não é o líder.

Provavelmente, o grande líder do grupo será aquela criança que às vezes até apanha do valentão, vai para um cantinho da sala e chora. Entretanto, todos os outros oito amiguinhos do grupo vão até lá para apoiá-lo, perguntam se ele está bem e cuidam dele. O grande líder é aquele que nasce com a capacidade de despertar sentimentos bons nos outros, de despertar a atenção para aquilo que faz, para seus acertos e erros, suas dores e vitórias. E isso ocorre em alguns seres humanos, de uma maneira completamente natural. Isso não se aprende, de forma quase mística, isso pertence a algumas pessoas. Quem não nasce com essa característica é capaz de se tornar um bom líder, desde que aja com respeito, empatia e lidere pelo exemplo. Mas sempre há uma diferença.

O QUE FAZ UMA BOA LIDERANÇA?

Mas se qualquer pessoa tem a possibilidade de se tornar um bom líder, quais são as principais características que alguém deve desenvolver para conseguir isso? Vamos ver ponto a ponto:

- → Em primeiro lugar, é preciso saber respeitar o ser humano;
- → O segundo ponto é que devemos entender que todo ser humano é diferente, que há potenciais em cada um e que você tem de saber trabalhá-los, assim como minimizar os defeitos. Não o contrário;
- → Um terceiro ponto vital é identificar esses potenciais, ou seja, descobrir essa vocação das pessoas;
- → O quarto ponto é saber se colocar no lugar do outro, ter empatia. Se você souber interpretar as dores das outras pessoas, já estará fazendo muito.

Outro ponto essencial é ter uma causa e um propósito e exercitá-los todos os dias. As pessoas ao redor têm de ver traços nas atitudes do líder que representem seu discurso. Portanto, não se trata da máxima: "faça o que eu digo, mas não faça o que eu faço". Tudo aquilo que o líder afirma deve estar representado em suas atitudes. Da mesma maneira, as atitudes do líder, seu dia a dia, devem representar seu discurso. Suas palavras nunca podem fugir do alinhamento entre sua causa e sua vontade de deixar um legado.

Trata-se, portanto, da equação discurso, atitude, causa e legado. O que você faz hoje será seu legado no futuro, logo é preciso ser coerente entre suas palavras e suas atitudes. Isso é importante para despertar a atenção das pessoas e para que o enxerguem como líder. Mas será que há um treinamento para isso? Sim, há. Mas é preciso compreender que, antes de tudo, isso está muito dentro de cada um.

Para o ser humano agir conforme uma causa, ter algo que o faça sair da cama com propósito, que o mova para deixar um legado, e não somente fazer dinheiro, isso deve estar dentro da pessoa. Ela pode ser preparada para isso, mas essa vontade deve ser interna. Até porque motivação é algo que nunca permanece. Há momentos em que a motivação falha.

E, quando isso ocorre, a pessoa deve seguir pela determinação. E quando a determinação fraquejar, precisa seguir na raça mesmo. E isso só vai acontecer se você tiver uma boa causa, um bom propósito, e um desejo imensurável de deixar seu legado. São características de gente acima da média, fora da curva.

Portanto, tudo começa com a causa, o propósito, e no final o que resta é o desejo de deixar um legado. Se você apresentar, todas essas características no dia a dia, automaticamente as pessoas ao seu redor o admirarão e o verão como alguém que pode contribuir para a empresa, para a sociedade e para a vida. A partir disso, começarão a vê-lo como um grande líder, pois garanto que 95% da população não é assim.

A KRIPTONITA PARA A LIDERANÇA

Tão importante quanto verificar os traços que fazem alguém ser candidato a um bom líder é observar quais são os pontos capazes de afastar a pessoa que almeja um papel de liderança de seu objetivo. E, acredite, há diversos. Destaco a mentira, a vaidade, a prepotência e a arrogância como algumas das principais características antagônicas à essência de uma boa liderança. Vamos começar falando da mentira. Como diz a sabedoria popular, essa tem perna curta. E um bom líder deve ter coerência e transparência.

Por que a vaidade entrou na lista? Simples, ninguém aguenta uma pessoa que toda vez que conjuga um verbo o faz na primeira pessoa do singular. "Eu fiz, eu realizei, eu conquistei". Essa é, portanto, a forma como o "antilíder" se manifesta. Nada mais distante do papel da liderança que "Nós fizemos, nós realizamos, nós conquistamos". O bom líder, portanto, sempre conjuga na terceira pessoa. Bem longe de qualquer traço de vaidade.

Já a prepotência, algo que está lado a lado com a soberba, pode ser exemplificada por uma série de diferentes frases, como:

→ Eu sei de tudo, ninguém sabe de nada;
→ Só eu sei realizar isso aqui;
→ Eu sou o cara que consegue fazer isso;
→ Sem mim, essa empresa morre;
→ Sem mim, essa sociedade acaba;
→ Sem mim, esse projeto não existe;
→ Tudo o que você fala eu já fiz;
→ Eu tenho muito mais conteúdo e mais experiência.

Portanto, estamos falando de prepotência, soberba e arrogância, características da antiliderança. Algumas pessoas podem até seguir alguém com esses defeitos, um antilíder, por ele ser o dono do dinheiro. Porque possui um interesse por trás dessa dedicação. Muitas vezes trata-se do indivíduo que montou a empresa. Um antilíder, no entanto, pode até ter uma empresa de sucesso, mas certamente não terá uma companhia com um bom ambiente de trabalho. Um lugar assim jamais será um celeiro próspero para gerar capital intelectual brilhante, algo que é muito importante dentro de uma empresa. Isso é antagônico à soberba ou à vaidade.

Dessa maneira, todas as características que levam ao ego exacerbado destroem a capacidade de liderança do indivíduo. Obviamente, se um antilíder tem certo poder, pode até se manter e prevalecer com base nisso ao longo do tempo, mas não será admirado. Provavelmente será apenas temido. E o que vale em uma boa liderança não é se manter, mas também ser admirado, seguido, respeitado e amado. Assim como, por vezes, temido. Todo grande líder tem de ser amado e temido,[8] como observou o filósofo italiano Nicolau Maquiavel (1469-1527), em *O príncipe,*[9] um clássico absoluto sobre a liderança.

PARA ESCOLHER BEM

Se o papel do líder já está mais claro, o que podemos dizer sobre os desafios no momento de se montar um grande time? Por exemplo, quais são as técnicas que devem ser utilizadas por um gestor no momento de selecionar pessoas para a equipe? Parece algo complexo, e tenha certeza de que é, de fato! O primeiro passo é entender se a pessoa que é avaliada sabe trabalhar bem em equipe. Estamos falando em selecionar uma peça para um tabuleiro, um jogador para um time, um integrante de um grupo. Logo, trabalhar de forma coletiva é uma condição básica. Pode parecer frio, mas é verdade.

No entanto, fazer isso em um processo seletivo é algo de extrema dificuldade. Posso dizer que já errei muito nesse quesito. Confesso que devo ter acertado entre 30% e 40%, o que significa que não fui

---

[8] FALCONI, V. O chefe deve ser amado ou temido? **Exame**, 15 jul. 2014. Disponível em: https://exame.com/revista-exame/chefe-deve-ser-amado-ou-temido-548362/. Acesso em: 25 jul. 2020.

[9] MAQUIAVEL, N. **O príncipe**. São Paulo: Edipro, 2019.

feliz em 60% e 70%. Mas por que isso ocorre? Infelizmente, quando o ser humano faz uma entrevista, ele veste uma carapaça. Ele escolhe colocar uma máscara para proteger suas fragilidades.

Além da capacidade de trabalhar em equipe, a pessoa precisa demonstrar muitas outras qualidades. Destaco, por ordem de relevância, um comprometimento acima da média, um conhecimento técnico para aquilo que vai fazer, uma visão de conjunto e futuro, uma capacidade criativa e uma visão estratégica alinhada com a capacidade técnica. Esses são os quesitos que o gestor deve analisar para fazer a seleção de pessoal.

Outro passo importante para o gestor escolher alguém para o time é checar todas as informações sobre a pessoa que está sob avaliação. Vou atrás de dados, mas não ligo para o setor de Recursos Humanos, por exemplo. Por experiência própria, ao fazer contato com o RH de algumas empresas, pedindo informações sobre ex-funcionários, me deparava com um discurso-padrão que, infelizmente, julgo ter relação com a mediocridade de algumas pessoas, talvez com receio de não ter problemas com ex-funcionários. E o que me diziam quando ligava:

→ "Ele não fez nada que o desabone";
→ "Por que você o mandou embora?", eu queria saber;
→ "Ah, porque precisei fazer um corte, mas ele não fez nada, entende?", era a resposta nessas ocasiões.

Em situações como essa, em geral, ligo para os chefes anteriores da pessoa, para os pares e, principalmente, para os subordinados. Penso de modo diferente. Quando alguém me liga para pedir referência de um ex-funcionário, digo se ele é bom ou ruim. Explico todas as suas características. Acredito que ele talvez possa ter sido ruim para mim ou para aquele momento, mas para outra empresa, com padrões e situações diferentes, ele seja um funcionário muito bom.

Na hora de escolher, levo em consideração outros pontos. Por exemplo, adoro optar por pessoas que tenham necessidade genuína de trabalho. Estou falando de gente que precisa do dinheiro para viver e que, por isso, dará valor a cada centavo que ganhar. Porque algumas vezes, se você seleciona uma pessoa com uma situação financeira promissora, por exemplo, com pais muito ricos, pode ficar faltando o comprometimento acima da média, algo que mencionei e que é muito importante.

Mas claro que há exceções. Por vezes, o laço financeiro resulta em um comprometimento. Quando o indivíduo está necessitando daquele dinheiro para viver, isso pode trazer um comprometimento que nem mesmo ele sabe que tem. Digo que às vezes a necessidade traz até paixão. A pessoa está tão desesperada por precisar trabalhar que se apaixona pelas atividades do dia a dia, e aquilo vira uma vida nova para ela.

FIT CULTURAL

Mas, além do comprometimento, a pessoa também precisa saber como viver em sociedade, respeitar os outros, conviver no trabalho, saber ouvir. No processo de entrevista, o gestor deve tentar focar nessas questões emocionais, assim como no quesito intelectual, que são as capacidades técnicas. Mas afirmo que essas últimas questões a pessoa ainda pode aprender com relativa velocidade.

As pessoas mentem e fingem, principalmente, sobre aspectos emocionais, bem estabelecidos e equilibrados, porque poucas realmente têm. Um exemplo é que o mundo está repleto de pastores, coaches, treinadores e professores, que se dizem especializados em inteligência emocional, mas que, eles próprios, não possuem nada disso. Claro, não estou generalizando e desqualificando todos aqui. Mas muitos são palpiteiros da vida alheia que não cuidam da própria vida.

Outro ponto importante é procurar escolher alguém que faça parte do *fit* cultural da empresa. Na hora de selecionar uma pessoa para o time, você deve considerar: Qual é a cultura que sua empresa tem? O que ela prega? Com isso em mente, avalie: a pessoa que está sendo selecionada, de acordo com as experiências anteriores e com o estilo de vida, tem *fit* cultural? Por exemplo, se estou em uma empresa extremamente agressiva para resultados, será que essa pessoa suporta pressão?

Empresas focadas no processo e em resultados têm uma agressividade um pouquinho maior. São companhias que necessitam de gente com um perfil mais resiliente, que aceite tomar um não, ser desafiada e criticada. Será que esse indivíduo aceita isso sem melindres? Em contrapartida, se estamos pensando em uma empresa que opera em voo de cruzeiro, tudo bem. Nesse caso, é possível ter uma pessoa mais conformada e menos dominante, agressiva ou arrojada.

Portanto, há diversos fatores a serem levados em conta. Há espaço e empregabilidade para todo mundo. No entanto, devemos saber que o sol é para todos, mas a sombra é para poucos. Portanto, você tem de selecionar bem. Lembrando que em uma equipe composta de dez pessoas, em geral, você terá, no máximo, uma ou duas estrelas. É muito difícil montar uma constelação. Só consegui fazer isso uma única vez na vida, quando, em um grupo de doze pessoas, metade era brilhante.

Foque em tudo isso, sempre lembrando que o coeficiente emocional acaba pesando mais que fatores intelectuais, porque as pessoas adquirem mais facilmente o conhecimento técnico. Já o equilíbrio emocional é algo bem mais difícil, assim como comprometimento é a palavra-chave. Lutar por uma causa ou um propósito, ter vontade de vencer, esse comprometimento às vezes vem de uma necessidade frustrada, como a falta de dinheiro.

DEFENDA SUA EMPRESA DA BURRICE

Uma das minhas frases de vida é: "Economizar no capital intelectual é burrice". Digo com muita tranquilidade. Ao longo da minha trajetória, aprendi que o bem mais precioso que as empresas podem ter é o capital intelectual. Trata-se de algo que ninguém tira de você. Portanto, uma lição que os gestores devem compreender é que pessoas acima da média recebem salários acima da média.

Mas há algumas considerações em relação a isso. Se há uma pessoa em seu time que você julga ser um fenômeno, que recebe pouco, talvez só você veja esse fenômeno, por causa da convivência com esse profissional. Já participei de conselhos de empresa em que o dono falava: "Esse cara é excepcional". Mas, em pouco tempo, percebia que aquela pessoa não serviria para muita coisa.

No entanto, ele ocupava o cargo de diretor financeiro de uma empresa em que o dono o achava incrível. E por quê? Bom, lá ele tinha uma convivência de trinta anos e era um grande puxa-saco. Portanto, o cara fazia sempre o que o dono queria. No egocentrismo desse gestor, os profissionais bons eram aqueles que faziam exatamente o que ele desejava. E, posso garantir, esse caso está longe de ser raro.

Gosto de ressaltar que o capital intelectual arrojado sempre oferecerá desafios e o provocará. O bom profissional vai ao mercado, questiona, trabalha e tem luz própria. Preste atenção: se em sua equipe há algum funcionário que você julga ser muito bom, mas que está ganhando pouco por muito tempo, desculpe, mas ele não é tão bom assim. Se fosse, cuidaria melhor da própria carreira ou já teria sido visto trabalhando por outros profissionais, que o convidariam para mudar de companhia e ganhar melhor.

Compreende por que economizar no capital intelectual é burrice? Dou outro exemplo: ao participar do conselho de administração, já presenciei dono de empresa dizer: "Tenho de mandar meu diretor comercial embora porque ele ganha demais para o tamanho da empresa". Veja, se você tem um funcionário que ganha demais para o tamanho da empresa, a culpa não é dele. É sua, é do dono ou de quem o contratou. Ou ele está recebendo metas baixas ou algo está acontecendo.

Em casos como esse, é provável que o gestor não tenha feito a contratação com salário adequado, talvez por falta de conhecimento, ou não soube colocar metas arrojadas para o funcionário. Asseguro, a meritocracia é o local perfeito para o capital intelectual arrojado e para gente inteligente conseguir resultados.

Façamos um exercício e coloquemos essa questão de uma maneira variável. Se você tem um diretor comercial e a meta dele está correta, caso esteja ganhando muito dinheiro, você, na condição de dono, está ganhando mais ainda. Afinal, está apenas distribuindo uma participação daquilo que ganha. O dono está dando um pedaço do dinheiro novo para esse profissional.

No entanto, há o dono de companhia que demonstra não ter capacidade intelectual para traçar metas. E assume isso quando afirma: "Meu diretor comercial ganha comissão demais, está ganhando muito dinheiro. Preciso mandá-lo embora e colocar alguém que ganhe menos. Consigo quem faça igual, recebendo menos". Outro exemplo de burrice, portanto o erro é desse gestor e de sua mentalidade.

Em primeiro lugar, ele selecionou mal. Em segundo, não sabe estabelecer metas. E, em terceiro, esse é o discurso de alguém egocêntrico, maníaco, prepotente e que merece quebrar. Já disse antes e reafirmo: divida riqueza para nunca reclamar da pobreza. Capital intelectual é o ponto mais importante em toda estratégia e todo plano tático. Aliás, em todas as questões focadas em gestão. Nada substitui talento e gente inteligente que seja apaixonada pelo que faz.

Para comer um filé, você tem de pagar por ele. É impossível comer filé, mas pagar por alcatra. Lembre-se disso sempre. Se quer comer um filé, terá de pagar por um filé. E, caso esteja comendo filé, mas pagando alcatra, acredite, é por pouco tempo. Alguém vai "roubar" seu filé. Ou seja, se você tem uma pessoa extremamente brilhante, mas o paga mal, tenha consciência de que daqui a pouco ela vai embora. Se você quer manter seu filé, tem de pagar por ele. Não tem jeito. É a lei da vida.

COMPROMETA-SE CONSIGO MESMO

Agora, quero falar com você sobre características que você deve levar em consideração quando estiver montando a equipe da empresa. Um ponto essencial para qualquer companhia é ter gente comprometida consigo mesma. Mas o que isso significa? Tenho uma forma de analisar a vida: se você tem uma pessoa que não é comprometida consigo mesma, ela nunca vai se comprometer com seu negócio.

Certa vez, escutei um grande empresário brasileiro dizer: "Se o cara não se cuida, não tem cuidado com o corpo dele, com a vida dele, enfim, se não for comprometido com ele, vai ser comprometido comigo e com meu negócio? Por quê? Será que ele me ama e ao meu negócio mais que a ele próprio?". Quando ouvi isso, achei um pouco duro, mas, com o tempo, percebi que ele tinha certa razão.

Se a pessoa não tem amor-próprio e não é comprometida consigo mesma, tende a não ser comprometida com nada mais. É óbvio que, como em tudo na vida, não podemos generalizar, para evitar erros. Aprendi isso na função de conselheiro de uma *holding*, quando precisei conduzir um processo seletivo com candidatos a um cargo de diretor financeiro. Em uma das entrevistas, me vi diante de um candidato que tinha a aparência de um personagem saído de uma animação da Disney.

Tratava-se de um homem que se apresentou para o compromisso malvestido e que tinha uma fala repleta de cacoetes. Por estar acima do peso, também se mostrava bastante ofegante. Diante disso tudo, confesso que minha primeira impressão não foi nada boa. Ao me sentar para falar com ele, pensei: "Onde foram arrumar esse sujeito?".

No entanto, assim que começou a falar, aquele homem me surpreendeu e demonstrou ter conteúdo. E, quanto mais eu o apertava, mais conteúdo apresentava. Tanto que, em determinado momento, pediu um *flipchart* e uma caneta para poder mostrar melhor o que sabia. Ele era brilhante. O comprometimento que lhe faltava para cuidar da aparência, das vestimentas e até da saúde, manifestado no excesso de peso corporal, ele aparentemente havia utilizado para desenvolver seu capital intelectual. Nós o contratamos.

Após dois meses de resultados excepcionais, como conselheiro da companhia, decidi abordá-lo e lhe disse: "Você é um cara brilhante, virei seu fã, mas sua aparência não permite que muitas pessoas lhe deem o crédito que você merece. Use sua inteligência para cuidar um pouco mais de você. Faça um trabalho brilhante também em você. Como você faz em seu trabalho. Isso pode fazer mal para sua vida e carreira. Procure se cuidar mais. Por exemplo, você não precisa usar uma camisa cara, mas evite roupas que estejam manchadas. Percebo ainda que você está frequentemente ofegante, então procure iniciar alguma atividade física e busque melhorar sua alimentação para sua saúde e seu bem-estar". Falei sobre a alimentação porque almoçávamos juntos e pude observar que ele não comia nada saudável. Ele me agradeceu e prometeu mudar.

Dali em diante, aquele homem deu início a um verdadeiro processo de transformação. Seis meses após a contratação, os colegas brincavam com ele pelos corredores, perguntando-lhe se havia encontrado sua grande paixão, tamanha era a mudança em sua aparência, em razão dos novos hábitos, bem mais saudáveis. Portanto, às vezes, precisamos apenas de um pequeno empurrão.

No entanto, exceções à parte, como nesse caso, é fato que o comprometimento consigo mesmo é uma peça-chave para o indivíduo demonstrar que tem comprometimento com o negócio, seus liderados, sua liderança, a empresa, enfim, com tudo. Tudo começa por aí, você tem de se amar para depois ter uma causa, um propósito e trabalhar para deixar para o mundo seu legado e sua história.

VAMOS FALAR DE PAIXÃO?

Quando falamos de trabalho, é comum escutar que é preciso que as pessoas sejam apaixonadas pelo que fazem. No entanto, como conseguir isso? Bom, não acredito na separação entre vida pessoal e profissional. Simplesmente não creio nisso. Entendo que cada pessoa deve misturar tudo e ser feliz. Se você faz algo que não ama, ou seja, trabalha somente pela remuneração ao final do mês, me desculpe, mas as chances de terminar como um indivíduo medíocre são enormes. E, pela minha experiência, calculo que 70% das pessoas são medíocres, porque não amam o que fazem.

Fazer as coisas somente por obrigação é como andar de braços dados com a mediocridade. É praticamente impossível ter sucesso dessa maneira. Não há condições de alguém fazer bem-feito algo de que não goste. Diante disso, o primeiro passo não é você se apaixonar pelo que faz, mas descobrir aquilo que você ama de verdade. E, com isso definido, você buscará fazê-lo profissionalmente.

Outro caminho possível: se você passa a fazer uma atividade nova, tente entender se aquilo lhe faz bem. Por que digo isso? Se fizer algo que você ama, certamente fará com primazia. O que é realizado com excelência dá resultado. O foco principal das atividades é entregar o resultado esperado para atingir suas metas e seus objetivos. Há uma expressão muito utilizada que diz: "foco no resultado". No entanto, a considero equivocada. Devemos ter foco nos processos que levam aos resultados.

Por exemplo, sou focado em fazer no dia a dia tudo o que me levará aonde quero. Digo que meu foco está em fazer, todos os dias, tudo aquilo que contribuirá para que eu seja um ser humano melhor e para que eu tenha mais resultados tanto na vida pessoal quanto na profissional. Portanto, o foco deve ser nos processos, na metodologia, nas atividades diárias, 365 dias por ano. É o que o levará ao resultado.

Se você for um cara apaixonado pelo que faz, obviamente, conseguirá colocar mais foco em suas atividades, porque estará fazendo algo com prazer. Daí a importância de ter pessoas na empresa que tenham "mentalidade e atitude de dono". Mas para alguém ter isso tem de ser apaixonado pelo que faz, pois terá de canalizar sua essência, sua energia e seu foco para as atividades diárias.

Mas, no que consiste a mentalidade de dono – conceito também chamado de intraempreendedorismo ou empreendedorismo corporativo? Estamos falando do indivíduo que só toma atitudes se forem boas para a empresa. Ele é guiado pelo coletivo, e não por questões individuais. Trata-se, portanto, daquela pessoa que decide como se o dinheiro dele estivesse envolvido. Alguém que pensa e age com o dinheiro alheio como se o dinheiro fosse o seu. Isso faz toda a diferença.

Desde que comecei no mundo corporativo, sempre procurei ser apaixonado por aquilo que fazia, mas estive em funções em que não havia essa paixão. Por exemplo, quando fui propagandista vendedor, com todo respeito à profissão e à importância que tem, eu não gostava. Meu negócio era gente. Mas sabia que, para me tornar gerente e ter uma equipe, ou seja, para mudar de patamar, eu tinha de exercer bem aquela função.

Com isso, coloquei todo o meu foco nos processos que me levariam ao resultado. Consegui e fui promovido a gerente distrital, com uma equipe de doze pessoas. Ali, comecei a exercitar o que gostava de fazer: traçar estratégia, desenvolver plano tático, analisar resultados e mover as pessoas, tratando cada uma delas como eu gostaria de ser tratado. Às vezes, portanto, você precisa fazer alguma coisa de que não goste tanto assim. Isso faz parte de qualquer trajetória.

Essa função ou tarefa integra um processo que o levará a um local determinado. Nesse contexto, entra em cena a motivação, a determinação e a raça, que é o que devemos utilizar quando fazemos algo que não amamos tanto por determinado tempo. Mas, em 90% das ocasiões, temos de ser apaixonados pelo que fazemos. Quando essa paixão existe, tudo ocorre com muita naturalidade.

AME A SEGUNDA-FEIRA E SEJA FELIZ

Posso parecer preconceituoso com o que direi, mas é fato: não contrato para trabalhar comigo gente que gosta mais da sexta-feira que da segunda-feira. A não ser que um dia eu mude e decida investir em uma balada, um restaurante ou em um negócio que seja mais produtivo na sexta, no sábado e no domingo do que de segunda a quinta.

Digo isso por uma única e simples razão: gosto de trabalhar com gente feliz, pois gente feliz produz mais. E o indivíduo que ama a sexta-feira, mas odeia a segunda, é infeliz sob o ponto de vista cronológico. Há bem menos tempo no intervalo entre a sexta-feira à noite e o domingo à noite do que entre o domingo à noite e a sexta-feira à noite. Portanto, aquele que gosta mais da segunda, da terça, da quarta, da quinta e da sexta-feira até as 18h é, cronologicamente, mais feliz. Logo, tem mais momentos de felicidade.

A vida nada mais é que o espaço de tempo entre o nascimento e a morte, no qual temos de torcer para que os momentos sejam positivos e carregados de alegria e felicidade. Portanto, quem gosta mais do intervalo que vai da sexta-feira às 18h até o domingo às 18h não ama o que faz. E quem não ama o que faz não é comprometido, não é detalhista, não planeja nem executa bem, não produz direito e não entrega resultado.

No mundo profissional, uma das principais coisas é amar aquilo que faz. Se você ainda não ama, trate de se apaixonar, porque senão você não conseguirá entregar resultado. Diante disso, **NÃO CONTRATO** gente que gosta mais da sexta-feira que da segunda-feira. Portanto, vamos amar as segundas, as terças, as quartas e quintas-feiras. E também as sextas-feiras, os sábados e os domingos. Só contrato gente apaixonada pelo que faz.

VISÃO NO DINHEIRO

Todos os negócios e empresas devem ter capacidade de monetização. E o dono, o gestor e as pessoas que dirigem a companhia precisam entender e ter visão para saber se um negócio consegue se monetizar ou não. Mas por que isso é importante? Porque empresas não são ONGs. Toda empresa precisa gerar capital suficiente para se sustentar, pagar seus funcionários, realizar suas atividades sociais, de sustentabilidade, relacionadas ao meio ambiente, filantrópicas, mas também conseguir desempenhar o papel principal, gerar capital para sustentar tudo isso.

Antes, porém, o que é monetização? Trata-se da capacidade de gerar recurso. Seja uma empresa, uma atividade, uma tarefa, um produto ou um serviço. O gestor deve entender se seu produto ou serviço monetiza bem ou não, se tem capacidade de venda ou não, e com que facilidade isso ocorre. As pessoas têm de ter a visão e a capacidade de discernir se aquele negócio vai ser autossustentável.

O principal vetor social em nosso planeta são as empresas e o empreendedorismo. E por quê? Veja, onde há uma empresa ou um empreendedor que monta um negócio, gera-se um ciclo positivo. Cria-se um ambiente favorável de pagamento de salário, isso vira dinheiro, que vai para o mercado e se transforma em consumo. Isso retorna para a empresa, que cria novos empregos. Todo um ciclo próspero de produtividade é gerado e fomentado por meio do mercado, da atitude empreendedora, das finanças e da capacidade de compra. Por fim, isso desenvolve as sociedades e os seres humanos.

Com as empresas, é possível desenvolver capital intelectual e o lado social por meio da geração de riqueza. Por tudo isso, uma empresa precisa ser monetizável, algumas mais, outras menos. Se não for monetizável, terá de ser sustentada pelo governo ou por outra instituição. Entender a capacidade de monetização dos negócios é algo fundamental para quem dirige uma empresa.

EQUILÍBRIO ENTRE RAZÃO E EMOÇÃO

Será que um gestor deve contratar mais pessoas com um perfil racional ou emocional? O mundo dos negócios e a área de gestão são ambientes em que uma tomada de decisão precisa é algo muito importante. No entanto, trata-se de um campo onde o *feeling*, a inspiração e o sentimento também têm seu valor. O equilíbrio perfeito está em quem consegue usar a emoção para perceber, o *feeling* para inspirar e a razão para fazer contas, calcular e planejar a hora certa da tomada de decisão.

A pior decisão sempre é nunca decidir. No entanto, você também não pode sair tomando decisões com o coração. Há uma antiga filosofia que afirma que coração de mãe é capaz de colocar muito jovem no presídio. Por quê? Para muitas delas, a culpa nunca é do filhinho, a culpa é sempre das más companhias. Mas mal sabe ela que muitas vezes a pior companhia é justamente o próprio filho.

Portanto, agir de maneira mais racional do que movido por aspectos emocionais faz parte das características de um bom líder. O gestor tem de ter sensibilidade emocional para poder conduzir sua equipe, sentir o mercado e ter um *feeling* em relação ao que ocorre. Mas a cabeça é quem comanda.

Por isso, fala-se tanto da inteligência emocional atualmente. A emoção controlada e direcionada está cada vez mais em alta. O desequilíbrio emocional, em contrapartida, cria e alimenta o que chamo de bestas motivadas, seja no mundo corporativo, seja na vida. Portanto, não apenas no mundo corporativo, mas na vida como um todo, para tudo, o equilíbrio emocional, ou seja, a razão, tem de prevalecer na hora da decisão.

O conceito de "obedeça a seu coração" equivale a alguém pegar uma Ferrari, mas equipá-la com quatro pneus carecas. Quando você sai somente obedecendo ao coração, é 100% emoção, você tem um motor potente, mas não possui direção. Não sabe para onde vai. Com isso, sai batendo em todos os lados.

Assim como uma pessoa extremamente racional, sem emoção, é similar a uma Ferrari com pneus novos, mas com um motor de mil cilindradas e 50 cv. Portanto, é preciso ter equilíbrio, mas a decisão precisa ser tomada com a razão.

O FATOR MERITOCRACIA

Quero falar sobre o conceito de meritocracia. No meu ponto de vista, as pessoas possuem capacidades diferentes para atingir resultados distintos. Elas não executam um papel exatamente igual. Sei que ninguém é insubstituível, mas os indivíduos atingem lugares e resultados diferentes, de acordo com a dedicação, a história, a capacidade e a preparação que cada um teve.

O que somos? Na minha humilde opinião, somos frutos de nossas relações e da maneira como lidamos com nós mesmos. Eu comigo. Com aquilo que exerci durante minha vida. Sou fruto das experiências vividas e das pessoas com as quais convivo. Um vetor muito importante nesse aspecto é a questão do coeficiente emocional. Como trabalho minhas cargas emocionais: alegria, tristeza, felicidade, ego, vaidade, prepotência, arrogância, sentimento de fracasso, autoestima... Tudo isso, sempre eu comigo mesmo. Uma luta interna.

Outro ponto: Como administrei minhas experiências? Se tive uma sucessão de experiências ruins e ineficazes, isso não quer dizer que sou incompetente. Muito pelo contrário, aprendemos com os erros. Se errar constantemente em um mesmo ponto, é burrice. Mas se erra uma ou duas vezes, mas não volta a errar, significa que virou aprendizado.

Tudo isso constrói quem você é, seja no âmbito pessoal, seja no profissional. Portanto, como pessoas compostas de todas essas variáveis podem ser iguais e entregar resultados idênticos? Dessa maneira, as remunerações também devem ser diferenciadas. Economizar no capital intelectual, como já disse, é a maior burrice e mediocridade, tanto corporativa quanto humana, que um CEO ou dono de empresa pode cometer.

O meu conceito de meritocracia é o seguinte: 80% da remuneração de um indivíduo de destaque na empresa tem de estar relacionado com a performance dele. E se esse profissional lhe entrega muito dinheiro, tenha orgulho de transformá-lo em uma pessoa rica ou milionária. Admiro Jorge Paulo Lemann e Silvio Santos por isso. São empresários que transformaram várias pessoas em milionárias. Por quê? Porque dividiram a riqueza. Minha filosofia de vida: quem divide riqueza nunca vai reclamar da pobreza. Mas quem não divide riqueza um dia vai reclamar da pobreza.

No entanto, para efetivar um processo meritocrático, a empresa tem de ter um sistema de avaliação dos resultados. Trabalhei em uma companhia em que o aspecto qualitativo era extremamente importante, mas gerava uma situação muito ruim, pois a avaliação 360 aplicada criava verdadeiros gestores políticos. Isso ocorria porque, pelo sistema da empresa, se o gestor recebesse uma avaliação negativa de algum integrante da equipe relativa ao clima, ele pedia dinheiro. Com isso, o gestor se via obrigado a tratar todos na equipe muito bem.

Mas isso tem um efeito nocivo. O gestor deve tratar bem a equipe por ser um bom administrador e por ter sido contratado e treinado de forma correta. Ele não deve ganhar bem por tratar bem as pessoas. Em uma situação como essa, você cria o chefe bonzinho e medíocre, que não entrega resultado, mas que todo mundo ama. Dessa maneira, você premia alguém em razão de haver uma boa pesquisa de clima, porque o gestor trata bem as pessoas. Acredito, no entanto, que tratar bem as pessoas, fazer boa gestão, ser um bom líder é uma obrigação mercadológica e corporativa, e o gestor não deve ganhar dinheiro em razão disso. Tem de ganhar por resultado. Na minha visão, uma pesquisa que indique um clima ruim em alguma área da empresa não deve fazer o gestor ganhar dinheiro, mas pode ser um ponto a ser avaliado para tirar dinheiro dele.

Ou seja, se a pesquisa de clima da equipe for ruim, se todo mundo achar que o gestor é um mau líder, tiro dinheiro dele. Não dou dinheiro. Trabalhei em uma empresa em que o cara ganhava 20% do bônus dele se a parte qualitativa de sua área fosse considerada boa. Isso é o fim do mundo. Mas a ideia é ser meritocrata e pagar bem o seu filé-mignon. Deve haver uma diferenciação entre os profissionais de alta performance, os medianos e até aqueles com entregas subestimadas.

Por quê? Você precisa ter de tudo um pouco na empresa, mas não péssimos resultados! É impossível ter uma equipe estelar. Portanto, normalmente você tem nas empresas profissionais medianos, que saibam lidar com gente, outros que só fazem o próprio trabalho e aqueles que alavancam o resultado. Esses últimos são os que puxam a empresa, portanto eles têm de ser promovidos e devem ganhar mais que os outros. Sucesso é um esporte para poucos. Gente de sucesso tem de ganhar mais, tem de ser reconhecida e premiada. Gente de sucesso tem de ter um lugar diferenciado ao sol. E receber muita sombra e água fresca sempre que necessitar.

SUOR *VERSUS* INSPIRAÇÃO

Para que a empresa alcance um crescimento contínuo, o gestor deve incentivar a circulação de informações entre todos os integrantes da equipe. As respostas positivas têm de ser compartilhadas com a companhia inteira. Quem entrega um bom resultado deve dividir isso com o chefe, os pares, os subordinados. Se o profissional quer ter uma carreira de sucesso, esse é um ponto importante para isso.

O profissional não precisa fazer propaganda ou autopromoção, mas deve compartilhar os resultados adquiridos. Mais que isso, tem de repartir as fórmulas do sucesso. Quem faz isso é honrado como um bom líder. Por quê? Por já ter percorrido o caminho. As pessoas só podem guiar os outros por caminhos que já percorreram.

Portanto, deve-se criar uma cultura de meritocracia em que, automaticamente, sejam compartilhados o sucesso, o resultado, as fórmulas e os caminhos que levam ao sucesso, às rotinas produtivas, ao trabalho 365 dias por ano que chega ao objetivo final, conforme o planejado. Não estou me referindo ao compartilhamento somente da meta atingida, mas de todo o traçado e a estrada percorrida. O sol a sol.

Cada gota de transpiração deve ser partilhada. Aliás, acredito que a transpiração seja algo que vale muito mais que a inspiração. Todo homem vive de se inspirar e de transpirar. Mas quem dedica 10% de seu tempo a se inspirar e 90% à transpiração conquista mais sucesso que aquele que passa 90% do tempo se inspirando e só transpira em 10%. Portanto, lembre-se de que a carga de transpiração para um profissional de sucesso tem de ser muito maior que a carga de inspiração. Automaticamente, quem transpira e entrega valor inspira as pessoas.

MENTORES E MODELAGEM

Um gestor deve compreender a importância de ter mentores e de fazer modelagem corporativa e pessoal. Há algumas formas de aprendizado na vida. Podemos aprender pela transpiração ou pela inspiração. Em cada uma delas, você pode aprender pelo amor ou pela dor. A partir disso, o que é uma boa modelagem? Trata-se da tarefa de identificar um profissional que esteja próximo, como um empreendedor ou um empresário, alguém que tenha atingido o sucesso, mas que seja tangível. Ao verificar isso, você deve começar a entender tudo que essa pessoa fez para chegar aonde chegou. Por exemplo:

→ Quais caminhos percorreu?
→ Quais processos utilizou?
→ Qual é a sua metodologia?
→ Qual é a sua maneira de trabalhar com gente?
→ Qual é a sua forma de ver o mercado?

Quando tinha apenas 23 anos, tive o imenso prazer de aprender vendo de perto uma pessoa que admirava, Hélio Anastácio, presidente da farmacêutica Sanofi na época. Lá pude observar o que ele fazia. Por exemplo, Hélio passou pela área de finanças, saiu do Brasil, voltou para ser presidente. Durante sua carreira, o que ele fez? Toda vez que eu chegava perto dele, ficava fazendo perguntas sobre o que ele já havia realizado.

Ele nunca soube disso naquela época, mas eu o modelava. Talvez tome conhecimento disso agora, caso leia este livro. Hélio foi o primeiro profissional em quem que modelei, porque eu queria ser igual a ele. Lembro, inclusive, que na época ele tinha seis filhos, dos quais dois eram adotivos. Eu admirava até isso.

Há um conceito de aprender com as dificuldades dos outros. A modelagem ajuda muito. Contudo, é preciso ressaltar que ter alguém como modelar é muito diferente de invejar. Quando você olha para alguém e diz: "Nossa, ele tem uma Ferrari ou uma casa de praia linda, quero ter essas coisas, iguais às dele", isso é inveja. Isso não conta.

Na modelagem, você observa o profissional e pensa: "O que ele fez para chegar aonde chegou? Será que consigo fazer igual?". Mas, claro, é preciso que seja algo compatível com a realidade. Por exemplo, sou grande fã do Warren Buffett, mas ele conseguiu chegar aonde chegou utilizando suas estratégias há muitos anos. Conquistas brilhantes, muito longe da minha realidade. Portanto, provavelmente se eu quiser executar agora o que ele fez naquele tempo, eu não conseguirei atingir os mesmos resultados.

Na minha insignificância, digo que ainda estou no segundo quilômetro percorrido da minha maratona. Ter mentores e modelar é algo muito importante. Tanto que, aos 51 anos, tenho pessoas em que me espelho para cada área da minha vida. Por exemplo, na área profissional, se penso em gestão, quero ser igual a determinado profissional. Já quando o assunto é inspiração, meu desejo é ser igual a outra pessoa. Se estamos falando do domínio do coeficiente emocional, procuro ser igual a um terceiro indivíduo. Assim como na área de conhecimento e na preparação de gestão intelectual, busco fazer como um especialista nesse assunto.

Hoje, por conta própria, arrisco, acerto e erro, e em cada área da minha vida modelo em alguém diferente. Parece algo meio louco, mas tem funcionado. Ao longo da vida, sempre tive a oportunidade de exercer múltiplas tarefas. Isso me deu uma capacidade de aprendizado e uma visão analítica muito boas.

No entanto, tenho consciência de que preciso continuar exercitando, porque o mundo está mudando. Tenho de buscar aprendizados importantes todos os dias. Uma das maneiras que tenho para fazer isso é estabelecer mentores. Não precisa ser um mentor oficial. Basta ser uma pessoa que você admira e que consiga estudar sobre o que ela fez.

A partir disso, você começa a modelar e a pensar sobre quais caminhos essa pessoa percorreu e que você pode seguir atualmente, considerando sua situação e sua realidade, de acordo com seus parâmetros e suas limitações.

GENTE QUE AMA GENTE

Ao longo da minha trajetória, criei alguns conceitos que sigo com bastante seriedade. O primeiro deles é trabalhar com gente que ama gente. Por quê? Veja, gente que ama gente...

... sempre vai tirar o melhor de gente;
... vai liderar gente de modo melhor;
... vai respeitar gente de modo melhor;
... vai criar diamantes chamados gente.

Gente que gosta de gente vale ouro. Portanto, independentemente de sua área de atuação, você só terá sucesso se tiver um bom time, uma boa equipe, gente boa do seu lado e até acima de você. Se você está em uma empresa e tem um chefe medíocre, se ele for o dono, saia da empresa. Caso não seja o dono, espere um pouquinho para ver se é mandado embora. Se permanecer, saia da empresa. Suas escolhas partem daí.

Outro ponto importante é ter gente com um comprometimento acima da média. Tudo o que é média é massa. E tudo o que é massa é medíocre. Você nasceu para ser medíocre? Se você não nasceu para ser medíocre, comprometa-se acima da média. Em tudo aquilo que me disponho a fazer, comprometo-me acima da média.

Não saio da cama sem propósito. Não consigo viver sem pensar e deixar um legado. E deixar legado não é deixar dinheiro. Trata-se de deixar coisas que façam sua família e seus amigos, enfim, o mundo, ter orgulho de você. Esse é um propósito de vida, e você consegue fazer isso de várias maneiras – trabalhando é uma delas. Um trabalho com propósito realmente deixará um legado, e as chances de ele ser medíocre são mínimas.

Portanto, o conceito de comprometimento acima da média é: fuja da mediocridade. Se for para sair da cama sem propósito, sem causa, para fazer mais ou menos, nem saia. Esse é meu objetivo de vida desde quando eu era um garoto, desde quando eu era apenas uma besta motivada.

Agora que tratamos do fator gente em suas múltiplas variáveis, vamos falar um pouco sobre estratégia e plano tático, dois pilares para que sua jornada como gestor possa levá-lo aos resultados esperados. Acredite, ainda há muito para vermos em nossa trajetória. Espero você no próximo capítulo. Vamos em frente!

Capítulo 4
Você já ouviu falar da tríade da realidade?

ATÉ AQUI, falamos sobre os desafios da gestão envolvendo gente, indicadores, o básico da administração e como conseguir dinheiro novo para sua empresa. Agora, quero tratar sobre um conceito muito importante, mas muitas vezes ignorado pelos empresários ou empreendedores: a tríade da realidade. Você sabe o que é? Afirmo que, para alguém colocar um negócio de pé, precisa mergulhar na tríade da realidade: a pessoa precisa de uma ideia, de um estudo de viabilidade para ela e de um orçamento previsto.

Mas por que essa tríade é tão relevante, afinal? Simples, porque sem ela não há negócio. Portanto, se você tem uma ideia, aquilo que deseja fazer e aonde quer chegar, é obrigatório fazer um estudo de viabilidade do negócio. Nesse caso, o levantamento deve considerar alguns questionamentos:

→ A ideia é viável?
→ O negócio é possível no mercado neste momento?

→ Como devo fazer?
→ Que mercado atingirei?
→ Quais serão as pessoas impactadas?
→ Qual estrutura devo ter?
→ De quantas pessoas precisarei para executar?
→ Qual é o meu portfólio?
→ Qual será o investimento necessário?

Depois que levantar todos esses pontos, deve verificar o seguinte:

→ Quanto vai me custar?
→ Tenho o orçamento para fazer o projeto?
→ De quais recursos preciso para colocar essa empresa em funcionamento?
→ Quanto preciso para colocar essa nova estratégia e esse *business plan* de pé?
→ Como será meu fluxo de caixa nos primeiros anos?
→ Quanto tempo para se pagar?

Absolutamente tudo relativo a um negócio precisa passar por essa tríade da realidade: ideia, estudo de viabilidade e orçamento. Mas vamos analisá-la por etapas. O ponto de partida é que, se lhe faltar uma ideia, você não tem nem o começo do projeto. Boas ideias, porém, não faltam. No entanto, caso você tenha uma ideia, por melhor que possa parecer, se não fizer o estudo de viabilidade dela, garanto que há 80% de risco de o seu projeto fracassar, pois você estará completamente às cegas. Como um piloto de uma aeronave operando sem instrumento, em um voo noturno e em meio a um temporal. Em condições como essas, por mais habilidade que a aeronave tenha, somente com muita sorte qualquer tipo de aterrissagem poderá dar certo.

Imagine, porém, que você está com o estudo feito, mas a conclusão é que não há um orçamento para aquilo. Nessa hipótese, há mais de 50% de risco de tudo não dar em nada. Ou seja, sua ideia já fracassou. Por fim, caso você tenha uma ideia, faça o estudo de viabilidade, e se não tiver o orçamento, vá em busca dele. O orçamento/capital passa a ser sua meta. Você descobre do que precisa para viabilizar sua ideia.

Para começar qualquer negócio, portanto, a tríade da realidade é a linha de largada. Teve a ideia, faça um estudo de viabilidade e um levantamento sobre o orçamento necessário para tirá-la do papel. Trata-se, aliás, de um conceito que o acompanhará sempre. Todo plano de negócio ou toda nova estratégia deve passar por isso. A partir da ideia do que você quer fazer, elabore um estudo para verificar se é viável ou não e, em seguida, verifique se há recursos ou não.

QUEM VAI FAZER O QUÊ?

Falamos um pouco nos capítulos anteriores sobre algo que considero superimportante: todo gestor deve entender que a implementação com primazia das estratégias, assim como o cuidado em saber quem fará essas implementações, são fatores críticos de sucesso. São pontos mais importantes até do que ter uma boa estratégia ou uma boa ideia. Reforço isso porque acredito que é algo que precisa ser fixado na cabeça de todo empreendedor. E por quê? Imagine que você tenha uma estratégia extremamente arrojada e inovadora. Diante disso, cabem algumas perguntas:

→ Como implementarei isso?
→ Esse plano tático passa por quem?
→ Como farei isso por 365 dias no ano?
→ Quem fará isso na linha de frente?
→ Quanto tempo levarei para implementar isso?
→ Quem acompanhará isso?

→ Quem fará os *follow-ups*?
→ Quem medirá se está dando certo ou não para mudar a rota ou acelerar?

Estas são apenas as primeiras perguntas. Esse "como" é o que chamo de plano tático. Se você tem uma estratégia em que, por exemplo, quer vender x em produtos para determinado mercado e atingir uma meta y, é preciso definir:

→ Quem distribuirá o produto no ponto de venda?
→ Onde distribuirei o produto?
→ Quem fará a estruturação da distribuição?
→ Quem cuidará das vendas?
→ Quem estruturará a colocação?
→ Quem elaborará os produtos?
→ Quem desenvolverá o conceito?
→ Quem criará a marca, o *branding*?
→ Quem lançará?

Depois, no dia a dia:

→ Quem acompanhará a distribuição?
→ Quem acompanhará a demanda semanalmente?
→ Quem acompanhará a venda?
→ O que precisamos executar com esses produtos?
→ O que precisa ser feito com esse plano no ano para que tenha sucesso?

Então, ressalto a importância de que o gestor saiba responder aos seguintes pontos:

→ Quem faz e quem acompanha um plano tático?
→ De quanto tempo preciso para implementar a estratégia?
→ Quanto tempo preciso medir?

→ De que maneira implementarei essa estratégia?
→ De que forma distribuirei?

Trata-se de um número mínimo de perguntas extremamente importantes para que o gestor consiga chegar ao objetivo que deseja. Tenho uma filosofia de vida: uma estratégia bem implementada faz sucesso. Isso significa que uma estratégia média, mas bem implementada, gera algum resultado. Contudo, uma estratégia fantástica, mas não bem implementada, não dá em nada.

E, nesse contexto, é óbvio que as pessoas são o fator mais importante. Gente é a peça fundamental do jogo de negócios. Tudo começa e termina em gente, de bom e de ruim, do sucesso ao fracasso. E por que as pessoas são tão importantes? Porque são elas que farão, medirão, implementarão, acompanharão ou redesenharão as estratégias.

Portanto, o dia a dia do negócio não é seu. Muito provavelmente ele não está na mão do presidente ou do dono da companhia, nem sob o comando do C-Level ou do gestor sênior. O dia a dia do negócio está na mão de quem está executando na ponta. Por isso, é tão importante ter um time de primeira linha entre diretores e que você tenha executores com comprometimento e com dedicação acima da média. Somente com isso é possível atingir o resultado.

GANHA O JOGO QUEM TESTA

Há uma frase que me acompanha há muito tempo: boas ideias e boas estratégias todo mundo tem, o problema é que ninguém as implementa. Observe, a maioria dos seres humanos, ao menos uma vez na vida, apresenta uma boa ideia ou traça uma boa estratégia. Mas implementar dá trabalho, não é? É trabalhoso ser otimista e proativo, levantar e ir fazer, por isso as pessoas não fazem. Ideias e estratégias todo mundo tem, logo, o que diferencia as pessoas que chegam ao sucesso, que conseguem atingir suas metas, das que fracassam? Trata-se da capacidade de implementação.

A pior decisão é você nunca decidir. No jogo dos negócios, você luta, foge ou fica paralisado e não decide. A paralisia é a pior opção. Excluindo essa alternativa, você luta ou foge. Quando foge, simplesmente desiste da estratégia. Voltamos ao ponto em que boa estratégia todos têm, mas difícil é implementá-la. Por isso, o gestor tem de ir à luta, todos os dias. Afirmo que costumo testar cerca de 70% das ideias que meu time de diretores me traz. Por quê?

Do ponto de vista conceitual, tudo é lindo, na teoria tudo é possível e o papel tudo aceita. No entanto, o mercado e o consumidor são os que decidem. E só consigo atingir o mercado e o consumidor se testar. Portanto, diante da maioria das ideias boas que chegam, digo: vamos testar e pôr em prática. Colocamos para rodar aos poucos, se começar a dar errado, paramos. Se der certo, aceleramos. Trata-se de uma tática de guerra para se ganhar o jogo:

→ Teste!
→ Deu certo? Acelere!
→ Deu errado? Pare!

Mas atenção: tudo tem de ser muito rápido! Só que, para você descobrir rapidamente se está dando certo ou errado, do que você vai precisar? De um bom plano de execução tática e de gente para poder implementá-lo, medi-lo, acompanhá-lo e corrigir rotas. Caso não tenha pessoas para isso, faça você mesmo. Os erros do gestor estão em deixar de fazer algo ou implementar alguma coisa e deixá-la seguir em frente sem saber se deu certo ou errado.

Por isso, reforço meu recado: ideia boa todo mundo tem, mas poucos a colocam em prática. Logo, se você fizer o básico bem-feito, tiver um bom plano tático, testar, verificar acertos e erros, acelerando quando acertar e parando diante dos equívocos, colocando alguém para medir ou você mesmo fazendo isso, são bem grandes as chances de você ganhar o jogo. Trata-se de uma dica simples. Se canja de galinha não faz mal a ninguém, testar estratégia também não faz. Vamos testar, porque, no final das contas, quem decide é o consumidor final e o mercado. Não é o dono, o executivo ou os funcionários.

IMPLEMENTÁVEL *VERSUS* SONHO FUTURO

Nessa fase em que o gestor está avaliando seu negócio e suas potencialidades, é importante lembrar que toda estratégia tem de ser implementável. Qualquer fato novo que você queira criar na organização tem de ser um fato novo possível de ser implementado. Por isso, é de máxima importância o estudo de viabilidade. Quando você tem uma ideia e cria uma estratégia para determinado fim ou para atingir um objetivo, como a venda de um produto, pergunte:

→ Quanto gastarei/investirei?
→ Em quanto tempo será gasto esse valor?
→ Qual é o *payback* ou qual é o retorno?
→ Tenho caixa para fazer isso ou não tenho?

Portanto, é extremamente importante no momento da elaboração dos planos estratégico e tático que um estudo de viabilidade seja feito. Isso vale também para uma ação estratégica. Coisa simples e fácil, mas muito importante. É por meio desse estudo que você conseguirá saber se aquela estratégia é realizável ou se trata simplesmente de um sonho futuro.

Em algumas ocasiões, o gestor percebe que não tem condições estruturais ou financeiras para implementar uma estratégia no momento. Mas conclui que, quando as tiver, fará isso. Um estudo de viabilidade tem por objetivo tornar a estratégia, uma ideia mais abstrata, em algo tangível. Nele, você pega o plano tático para implementação da estratégia e traça todo o custeio. Tempo e dinheiro. Trata-se de mensurar sua estratégia e sua implementação para verificar se isso é viável ou não.

No estudo, são realizadas as projeções de receita e de custo, uma análise para avaliar se há ou não fluxo de caixa disponível para implementar a ideia. Verificar esse custo de viabilidade é importante para compreender o retorno sobre investimento, o *payback* de todas as estratégias. Com isso, você conseguirá determinar se é possível transformar seu sonho em realidade naquele momento ou se o deixará para um momento futuro.

PLANEJE DE TRÁS PARA A FRENTE

Toda vez que faço um planejamento estratégico para os próximos anos, faço um trabalho às avessas. O primeiro ponto é: Para o próximo ano, qual é o meu orçamento e o meu fluxo de caixa previstos? Ou seja, começo ao contrário, inicio pela peça orçamentária. Tomando por base, claro, algumas premissas de receitas, minhas possíveis vendas, e, como consequência, meu fluxo de caixa futuro.

Com ela em mãos, tento desenvolver as melhores estratégias que meus recursos permitem. Portanto, não uso o modelo tradicional, em que você cria toda uma estratégia baseada na Disneylândia, para depois descobrir que só há dinheiro para ir até o Beto Carrero World. Com isso, não perco meu tempo. Prefiro dar importância a outros pontos.

Por exemplo, se começarei um planejamento estratégico para os próximos cinco anos, levo em consideração meu orçamento, minha questão financeira, meu planejamento orçamentário para o ano e para os próximos anos. Dessa maneira, para o ano 1, com determinada receita, caso eu atinja tais objetivos, será que tenho caixa suficiente para implementar a estratégia? E se eu melhorar minha margem e, com isso, afetar o resultado da companhia de maneira positiva? Se, sim, tenho caixa, então vamos nessa!

Outra questão: Tenho dinheiro para fazer o investimento necessário para colocar meu *business plan* no ano 1? Se sim, vamos fazer. Mas vamos supor que a resposta seja não, tenho somente no ano 2. Então, passarei o investimento paro ano 2.

> **A ideia é operar hoje com os melhores recursos que tenho para poder trabalhar de uma maneira ainda mais aprimorada quando tiver recursos superiores.**

Esse é um conceito básico, mas um pouco às avessas. Não crio uma estratégia para depois me virar para conseguir o dinheiro. Em primeiro lugar, devo avaliar o seguinte: Com o faturamento que meu planejamento trará, tenho caixa suficiente para implementar essas estratégias no curto prazo? Ou consigo segurar até esse planejamento dar um novo resultado? Se a resposta for positiva, vamos nessa! Caso a resposta seja negativa, eu aguardo, postergo, faço lá na frente.

O ideal para uma empresa saudável é que você trabalhe com o que tem atualmente, para poder operar melhor ainda quando tiver recursos mais elevados. O cenário perfeito é ter uma alavancagem na companhia, um endividamento saudável, em vez de fazer verdadeiros planos camicases, em que, se você cometer um erro, por exemplo, na sua previsão de venda, a empresa fecha.

Há muita gente que faz o planejamento estratégico dos sonhos para depois ver se é possível implementá-lo. Mas o primeiro passo é verificar a seguinte situação: Com esse faturamento e com esse fluxo de caixa, consigo implementar quais grupos de estratégias? Essas... então, vamos nessa! No entanto, se a conclusão é que ainda não consigo implementar essa outra, postergue para o próximo ano.

Um exemplo: imagine que você tenha a estratégia de abrir uma fábrica própria, com recursos próprios e de terceiros. Com esse faturamento, você conseguirá arcar com os custos ou pagar um financiamento? Em caso positivo, faça. Mas, se não for possível, deixe para o futuro. Portanto, tenha a peça orçamentária em conjunto com o planejamento estratégico. Faça isso de trás para a frente, analise se cabe ou não em seu caixa. Esta é a melhor maneira de você não perder tempo, ser assertivo e manter sua empresa saudável.

PLANO TÁTICO E ALINHAMENTOS

O plano tático é a realização de suas estratégias. Consiste na implementação delas ao longo dos 365 dias do ano e nos anos seguintes. Portanto, o que você precisa saber? Depois que tiver o plano estratégico muito bem elaborado e os caminhos que seguirá, com cinco, seis ou dez estratégias novas para o ano, deve levantar:

→ O que preciso para implementar essas estratégias?
→ Quanto tempo para fazer isso?
→ Quanto preciso de recursos financeiros?
→ Quantas pessoas estarão envolvidas no processo?
- Primeiro, para executá-lo?
- Depois, para fazer o *follow-up*?
- Em seguida, para medi-lo?
- E, por fim, se for o caso, para mudar de rota?

A elaboração de um plano tático é simples. Você pega a estratégia, que pode ser resumida como o caminho que será seguido, começa a analisar o seguinte ponto: O que tenho de fazer todos os dias deste ano para percorrer o caminho e chegar ao final do período com o resultado desejado? Um plano tático nada mais é que isso, a execução diária.

Tudo o que é preciso fazer x dias por ano para atingir seu resultado. Esse é o segredo de um bom planejamento tático.

Por esse motivo, o jogo tático é mais importante que o estratégico. A execução do plano tático e quem o executará são fatores críticos do sucesso da companhia. Portanto, se você analisar, de 70% a 80% de toda a empresa é tática. Afinal, são pessoas que têm ações táticas no dia a dia. E o plano tático pode ser inteligente, produtivo e fora da rotina. Mas, para isso, temos de planejá-lo.

"Poxa, Lásaro, mas isso já é a rotina do cara. Eu tenho de planejar a rotina?", alguém pode se perguntar. Minha resposta é: com toda a certeza! O empresário precisa aprender que mesmo a rotina tem de ser planejada. Todo gestor deve saber que é necessário traçar rotas para sua rotina. Do contrário, o dia a dia se transforma em um ato de apagar incêndio continuamente. Por isso, o empreendedor deve entender que todas as rotinas têm de ser primeiramente planejadas para, depois, se tornarem produtivas. Raramente, você encontra uma rotina produtiva funcionando por osmose.

Portanto, quando vou fazer um plano tático, começo analisando a parte orçamentária, vejo o caixa, que é a parte tática de execução. E, todas as vezes que tiver uma boa estratégia, tenho de ter total segurança de que o plano tático de execução está muito bem-feito, alinhado com minha capacidade de execução e com a competência intelectual das pessoas que tenho atualmente na companhia. Isso tem de funcionar considerando os 365 dias do ano e catorze horas por dia.

Reforço que a estratégia e o plano tático têm de estar alinhados com seu fluxo de caixa, com o nível do capital intelectual e com as competências da força operacional da companhia. Não adianta você ter uma estratégia sofisticada, mas, no momento que o plano tático for elaborado, não ter gente à altura de implementá-lo. Por tudo isso, um fator importante para o sucesso é ter o plano tático alinhado à estratégia e, principalmente, ao seu capital intelectual interno.

O BÁSICO DO PLANEJAMENTO

Um plano básico precisa seguir alguns pontos. Em primeiro lugar, quem o fará? Para determinada estratégia ou ação tática, você tem o nome da pessoa que vai fazê-la. Depois, como essa pessoa fará essa ação? Ou seja, você pegará a rotina dela do dia a dia e planejará uma meta para essa pessoa? Em seguida, quem medirá? Tem-se aqui o responsável pelo projeto. Como essa pessoa medirá? Nesse ponto, devem ser estabelecidos quais serão os KPIs que você precisa para poder medir o resultado do plano tático e da estratégia. Logo depois, você observará quanto tempo precisará para realizar a ação – para começar a medir eficiência *versus* tempo? Portanto:

→ Como fazer?
→ Quem fará?
→ Quem medirá?
→ Quanto tempo será gasto?

Simples assim, o que vale para cada estratégia e cada ação. Se começar a estabelecer ações e rotinas para determinar quem fará, como fará, quanto gastará e quanto tempo terá para fazer, como fiscalizará e estabelecerá formas de medir, você terá sucesso nas estratégias.

COMUNICAÇÃO QUE ENVOLVE

O *business plan*, ou plano de negócio completo, é composto do planejamento estratégico, do planejamento tático e da peça orçamentária. Digo que o segredo para a empresa ter sucesso ocorre quando todas as pessoas da corporação conhecem as estratégias da companhia. Se possível, todo mundo tem de saber aonde a companhia quer chegar para estar envolvido e comprometido com o sucesso da empresa. Do executivo do mais alto escalão até a mais simples funcionária na hierarquia.

Portanto, é preciso deixar claro a todos se a companhia quer ser a primeira do segmento, por exemplo, o plano para aquele ano. Já qualquer um que ocupe um cargo de diretor, gerente ou coordenador de liderança na companhia tem de saber o objetivo da empresa no ano, além de ter conhecimento da meta individual dele e da equipe. Uma maneira que temos para trazer o envolvimento acima da média do time é divulgar e comunicar todos os objetivos da companhia.

Por muitos anos, trabalhei em uma companhia em que algumas metas do mês ficavam expostas em uma placa no pátio da empresa. Por meio dela, você tinha, em tempo real, as informações sobre as metas de faturamento em unidades, de faturamento em vendas e de acidentes de trabalho.

No primeiro dia de cada mês, aparecia a meta a ser alcançada naquele período e, à medida que os dias iam avançando, você via o faturamento sendo computado, se acumulando. Quando chegava no dia 30 ou 31, todo mundo estava ciente se a empresa havia batido as metas de venda, em valor ou unidade, ou do índice de acidentes de trabalho naquele mês. Essa empresa era a farmacêutica Sanofi.

Na época em que atuei na empresa, a fábrica do Rio de Janeiro, que ficava na avenida Brasil, no bairro de Guadalupe, tinha exposta a meta da companhia. Acredito que é um modelo em que, independentemente se você está tendo uma performance boa ou ruim, as pessoas ficam sabendo o que está acontecendo na empresa e é uma maneira de você trazer comprometimento.

Lembro-me de ver algumas vezes, quando chegava o dia 30 ou 31, um grupo grande de funcionários, no horário de almoço, olhando para a placa e aplaudindo porque a meta da companhia estava sendo atingida.

Portanto, é importante envolver o máximo possível as pessoas para a execução das metas da companhia. Porque o plano estratégico da companhia e o objetivo anual da empresa são resultado do esforço combinado de todos que trabalham nela. Dessa maneira, a comunicação tem de ser feita por meio dos informativos e da liderança para os subordinados. E, se possível, tem de ser exposta em algum lugar. Claro, onde os envolvidos possam visualizar.

Na área de vendas, por exemplo, é comum que todos tenham a meta de venda diária exposta. Mas é muito melhor quando a companhia comunica isso a todos os níveis envolvidos, não apenas à área de vendas, para que todos saibam qual é o objetivo do mês, se estamos atingindo ou não, e qual é o objetivo da empresa para o ano.

No exemplo da Sanofi, aquela pequena placa no pátio fazia exatamente isso. A cada mês, todos sabiam se as metas haviam sido batidas. No mês seguinte, começava tudo de novo. Era uma rotina que envolvia todas as pessoas. Isso trazia compromisso. E tenho certeza de que, quando todos estão remando juntos, alcançamos melhor nossos objetivos.

A CABEÇA DO CONSUMIDOR

Talvez um dos pontos mais relevantes para ter sucesso com uma empresa seja conhecer bem o mercado em que vai atuar, assim como os consumidores (*costumers*) ou possíveis consumidores (*prospects*), pessoas muito importantes a serem atingidas com sua estratégia. Com isso em mente, quando for elaborar o planejamento estratégico da companhia, antes de tudo você precisa entender:

→ O que conheço do meu mercado?
→ Qual é o tamanho desse mercado?
→ Como ele se comporta na crise?
→ Quantos competidores eu tenho?
→ Como é o preço praticado?
→ Qual é o comportamento da sazonalidade/ano?
→ Que oportunidades tenho nesse mercado diante dos competidores?

→ Quais são minhas fraquezas no mercado em comparação aos meus competidores?
→ Quais são minhas fortalezas no mercado em comparação aos meus competidores?

Logo, o conhecimento do mercado pode ser definido de forma mais ampla assim:

→ Como funciona o meu mercado?
→ Quem sou eu nesse mercado comparado com os principais concorrentes?

Trata-se do ponto fundamental para você ter sucesso em sua companhia. Depois que entender bem esse mercado, responda:

→ Quem é o consumidor final nesse mercado?
→ Quem é o consumidor final que consome meus produtos e serviços?
→ Quem é o consumidor final que pode consumi-los, mas hoje consome os dos meus concorrentes?
→ Por que esse consumidor final hoje prefere o produto do meu concorrente, e não o meu?

Essas são apenas algumas questões importantes para você entender como funciona a mente do consumidor final. Isso pode ser elaborado com planos de questionamento ao seu consumidor final feito por meio de grupos focais ou no balcão de venda. A melhor pesquisa é aquela em que vou para meu ponto de venda entender melhor meu consumidor final.

Se estou no *e-commerce*, lanço uma pequena pesquisa para saber o que posso fazer para atender melhor esse cliente. Caso esteja no varejo tradicional, na loja, vou para o balcão conversar com meu consumidor e entender principalmente o que fez com que escolhesse minha marca em vez daquilo que o concorrente oferece. É preciso saber as características que fazem com que as pessoas comprem meus produtos:

→ Quais características fazem com que as pessoas deixem de comprá-los?
→ O meu produto está satisfazendo a necessidade do meu cliente?
→ Ou é o meu pós-venda?

O atendimento ao cliente é outro fator crítico de sucesso para qualquer empresa. Manter uma venda recorrente, ou seja, um cliente fiel, é um grande patrimônio para qualquer negócio. E em geral, o pós-venda, o atendimento ao cliente, é o principal responsável pelo insucesso da venda recorrente, a venda feita para o mesmo cliente de forma consistente. Estou transformando meu cliente em um fã.

Portanto, entender o mercado em que você atua, os seus competidores, o cliente que não consome seus produtos e serviços, aquele cliente que poderia, mas que não escolhe sua empresa, os desejos e anseios das pessoas que optam pela sua marca e as que podem optar é o passo principal para você desenvolver ações disruptivas. Trata-se da principal fonte de informação para começar a traçar as estratégias de inovação com o objetivo de trabalhar seu mercado e trazer novos clientes.

Não se preocupe com a concorrência, mas cuide para que seu produto ou serviço seja cada vez melhor. Para que tenha cada vez mais aceitabilidade pelo mercado. E, para conseguir isso, você deve entender o mercado, seus consumidores, seus possíveis consumidores e seus concorrentes. Não estou dizendo aqui para você ter medo de seus concorrentes. Saiba: a guerra sempre será entre você e você mesmo.

A JORNADA DO CLIENTE

É vital entender os hábitos de consumo e a jornada do consumidor. Os hábitos de consumo têm mudado muito nos últimos anos. Por volta de 2005 a 2010, quando tivemos no Brasil a ascensão da classe C, os cerca de 120 milhões de consumidores que atingiram esse patamar conheciam o valor do dinheiro, por ser um público que havia passado por muita dificuldade. Logo, estavam com um enorme desejo de consumo, mas, ao mesmo tempo, entendiam o valor do dinheiro.

Com isso, essa nova classe C começou a exigir que as empresas popularizassem o luxo e estabelecessem uma relação mais acertada entre preço e qualidade. Obrigaram os empresários a entender o conceito de preço justo. Na sequência, tivemos mais uma grande mudança de hábito: o consumidor atuava cada vez mais no ambiente digital.

Assim, queriam comprar seu produto ou serviço quando desejavam, da maneira que desejavam, e receber da forma que desejavam. Ou seja, nos últimos dez ou quinze anos, nosso consumidor final ficou extremamente exigente. E essa tendência se manterá.

A partir dessa nova realidade, foi criado o conceito de jornada do cliente. Na minha opinião, ela começa antes da primeira compra e nunca acaba. E, nesse contexto, qual é a importância de entender a cabeça desse consumidor final? Ou de compreender a experiência que ele tem com minha marca e meu produto? E, mais ainda, qual é a relevância em se conhecer a satisfação que ele tem ou não com esse produto? São perguntas essenciais nessa nova (e ao mesmo tempo velha) relação entre empresas e clientes.

A jornada do cliente nada mais é que acompanhar esse consumidor desde a intenção de compra dele, ou seja, o despertar do desejo, até sua completa satisfação, fazendo disso um ciclo contínuo. E caso seja um cliente fiel, enquanto houver envolvimento com sua marca, você tem de acompanhá-lo. Atualmente, isso é algo fácil: você começa pelo primeiro contato, pelo conhecimento, pela experiência com a marca, vai para o atendimento, para o pós-venda, para a entrega do produto. E continua acompanhando.

Portanto, cada vez mais, você precisa entender quem é o consumidor final. Então, vá buscá-lo, saiba quem ele é, faça pesquisa de mercado, vá para o balcão, fale com as pessoas, procure entendê-lo, realize pesquisas internas com os consumidores de sua marca ou dentro da própria empresa. Imagine uma empresa com cerca de cem funcionários. Nesse cenário, você já tem um painel de pessoas ali com as quais pode falar. Utilize os recursos disponíveis sempre que possível. Basta ser criativo e fazer. Procure saber: Qual é o nível de satisfação que seu produto ou serviço promove?

Use as ferramentas internas para entender os hábitos de consumo e acompanhe a jornada do cliente. Do despertar do desejo de compra até a satisfação total com a entrega do produto e no pós-venda. E continue acompanhando. A partir daí, é possível começar a trabalhar de forma mais desejável a fidelização e a tão sonhada compra recorrente, tudo de que uma empresa precisa.

UM MARKETING PARA CADA CLIENTE

Com esse consumidor final cada vez mais exigente, a partir da ascensão da classe C e das pessoas no ambiente digital, tivemos o fenômeno do preço justo, em que o consumidor final queria qualidade máxima a preços competitivos. O aumento da digitalização, com a internet e a comparação de preços, tornou essa realidade ainda mais acirrada. Com isso, as empresas tiveram de buscar novos recursos para atingir o cliente de uma forma mais próxima e particularizada. Ganhava força o marketing individualizado.

Mas o que é isso? Por meio de uma pesquisa, por meio de contatos e relacionamento, você busca entender do que seu consumidor gosta e o que ele quer. Cada vez mais, você não trabalha atendendo o cliente, mas, sim, entendendo seus desejos e anseios. Entender o cliente é sempre mais importante e gera mais valor do que simplesmente atender. Com isso, você começa a direcionar sua comunicação para aquilo que seu consumidor quer ouvir.

Como fazer de uma maneira menos invasiva? Comece a controlar a frequência e a sequência das comunicações. Cada vez que se comunicar com ele, deve ser sobre um assunto que lhe desperta interesse. Vamos supor que você tenha uma loja de roupa. A partir dos hábitos de consumo dessa pessoa, você saberá se ela gosta mais de camisa de manga comprida e gola polo ou de uma calça de sarja ou jeans. De posse desses dados, você começa a especificar o marketing de acordo com o desejo dela.

No mínimo, a dose certa passa por nunca exagerar na frequência e na sequência da comunicação nem mandar assuntos que não são do interesse do cliente. O marketing individualizado é um caminho sem volta e uma tendência natural. Com o número de informação que temos no mercado, ele será cada vez mais exigido. No passado, quem detinha a informação possuía um diferencial mercadológico. Hoje, uma informação é uma obrigação mercadológica.

O que diferencia uma empresa de sucesso de uma empresa de fracasso é o que você faz com a informação. Atualmente, a informação está disponível para todo mundo, seja para mim, para meu filho de 9 anos ou para qualquer empresa. O que você precisa saber é o que você faz com a informação. Como opera com esses dados. Daí vem a importância do uso perfeito do marketing individualizado.

Agora você já tem bastante informação sobre o que é importante para suas estratégias, seu plano tático, além daquilo que precisa ser compreendido sobre o mercado e seus consumidores. O êxito de uma empresa, porém, também está baseado em outros ingredientes. Por exemplo, você sabe descrever como é a cultura de sua companhia? Eis o próximo assunto de nossa maratona rumo ao sucesso no ambiente corporativo. Então, prepare-se, tome um gole de água, vire a página e vamos em frente!

Capítulo 5
Cultura F.A., forte e adaptável

PREPARADO PARA MAIS ALGUNS QUILÔMETROS em nossa jornada pelos desafios do universo corporativo? Tenho certeza de que sim. Nosso assunto agora será a cultura organizacional, um ponto relevante para o dia a dia de toda e qualquer companhia, de todos os tamanhos e em todos os níveis, da recepção da empresa à sala da presidência. Quando falamos de liderança e gestão de pessoas, há uma máxima que já citei nesta obra, mas que quero reforçar: a palavra até convence, mas é o exemplo que arrasta. E o que isso quer dizer? Se você é um líder, um gestor ou um empresário, não basta apenas dizer, você tem de dar o exemplo. Portanto, não se trata de "faça o que eu digo, mas não faça o que eu faço". Não. Em vez disso, adote "faça o que eu digo e o que eu faço".

O bom líder, portanto, sabe como ninguém: se quer que seus funcionários cheguem ao escritório às 8h da manhã, comece chegando às 8h da manhã. Se deseja que os funcionários saiam após as 18h, saia depois das 18h. Do mesmo modo, se quer que os funcionários trabalhem com qualidade máxima e mínimo erro, comece a desempenhar seu papel, em todos os aspectos, com qualidade máxima e mínimo erro. Parta do pressuposto de um treinamento por espelhamento. As pessoas têm de se espelhar.

O que nos leva a outra máxima: as pessoas só podem guiá-lo por caminhos que já percorreram. No mundo virtual, cada vez mais surgem verdadeiros gurus da gestão ou grandes nomes que empreendem somente no palco e por uma *webcam*, mas nunca tiveram um CNPJ. Ao longo do tempo, porém, esses indivíduos tendem a ser excluídos. Por quê? De novo, porque o exemplo é o que arrasta. A palavra deles pode até convencer, mas é baseada na história alheia. Na teoria tirada de livros que todos podem ler.

O mundo precisa de construtores de história, e não de contadores de história.

Precisamos mais de líderes que arrastam por meio de caminhos que já tenham percorrido, e não por caminhos que leram em um livro ou que acham que dá certo. Certa vez, conheci uma pessoa que trabalhava em uma empresa como gestora de marketing e que se dizia uma especialista, mas toda a sua experiência era baseada em conhecimento teórico, absolutamente nada vinha de situações vividas por ela. Por questões óbvias, tinha uma performance ruim, uma baixa capacidade de implementação e, por isso, acabou demitida. Apenas conhecimento teórico não é suficiente. Por isso, aconselho: teste! Se acertar, acelere. Se errar, pare. Conquiste suas histórias e pare de contar somente as dos outros.

Lembre-se: primeiro, as coisas e os fatos acontecem nas empresas. Só depois viram *case*, que preenchem livros para, mais à frente, serem utilizados como exemplos nas escolas de Administração e afins. Portanto, o que é absorvido pelo aluno está quatro passos atrás do que ocorreu no mundo real, como fato na vida executiva. Estude sempre. E vá gastar sola de sapato também, porque aí, sim, você aprenderá mais. Portanto, é fato que conceitos antigos como esse de que o exemplo arrasta mais que a palavra estão sendo utilizados no mundo moderno e tecnológico.

Porque o mundo tecnológico constrói aquilo que as pessoas querem ver. Mas, na realidade, nosso papel, do outro lado da lente, é o de investigar se essa pessoa realmente merece respeito e se ela se realiza com o trabalho. Desde que o mundo é mundo e enquanto ele existir, o exemplo vai arrastar mais do que as palavras.

DARWINISMO CORPORATIVO

Prego isso há vinte anos e posso dizer que agora ele é mais válido que nunca. O que quero dizer com o termo é que uma cultura forte e adaptável é um fator importante para o sucesso das empresas. No entanto, o que significa o conceito de cultura corporativa? Trata-se daquilo que todos fazem na companhia quando o dono ou o presidente não estão presentes. São os hábitos e as rotinas na empresa, assim como a filosofia, ou seja, tudo aquilo que a move em seu dia a dia. Isso é o que eu, Lásaro, chamo de cultura. São as atitudes, os processos e os comportamentos.

Se uma companhia é muito focada nos processos que levam ao resultado, é uma empresa dinâmica: tem seu foco nas atividades de venda, nas atividades do mercado, sempre se dedicando a pensar com a cabeça do consumidor. Mas se a empresa tem uma cultura muito tradicionalista, talvez veja muito menos o que está ocorrendo fora dela do que o que acontece internamente. Em geral, culturas conservadoras são antigas. No entanto, isso não significa algo desvantajoso. O fato é que, hoje em dia, as empresas que se mantêm com vivacidade são aquelas extremamente arrojadas: muitas vezes mudam sua forma e adaptam a cultura, que pode ser secular em novos tempos – algo que, embora pareça, não é contraditório. O que concordo 100%.

Não há cultura forte em empresa que está com resultados ruins. Se sua companhia vem registrando maus resultados, certamente sua cultura corporativa também não está boa. Um novo conceito no universo corporativo é: cultura de sucesso tem de ser forte e adaptável aos novos tempos. É aquela que se adapta à modernidade, às novas formas de comunicar, aos avanços tecnológicos e, principalmente, aos hábitos e aos comportamentos do consumidor final.

Asseguro que cultura forte e adaptável é melhor que cultura tradicional e forte. Incontestavelmente. E a definição interna tem de permear desde o presidente até o funcionário considerado o mais simples da companhia. Todos têm de saber aonde você, gestor ou dono, quer chegar e qual o caminho deve percorrer para a companhia chegar lá. Todos devem saber quais são os anseios da empresa. Qual é o desejo da companhia e o que tem de ser feito para chegar lá? Cultura corporativa moderna e que dá resultado é aquela que se adapta melhor. Até aí entra o darwinismo corporativo.

> A adaptação é a palavra-chave para o sucesso no mundo moderno corporativo.

ENCANTAMENTO PARA TODOS

A motivação, o bom ambiente de trabalho e uma cultura corporativa que encante as pessoas, com foco no sucesso, no desenvolvimento humano e no resultado, são pontos de enorme relevância e também compõem um verdadeiro divisor de águas entre as empresas que conquistam o sucesso e as que fracassam. E por que isso ocorre? Porque todos sabem, com muita clareza:

→ Quais são os objetivos que a empresa quer alcançar.
→ Porque quer alcançá-los.
→ Como quer alcançá-los.
→ Quais caminhos devem percorrer para que isso aconteça.

Esse tipo de estratégia e de ideologia corporativa é fundamental para os tempos difíceis que estamos vivendo. Quando todo o corpo diretivo da companhia está alinhado com as ideias da empresa, com a cultura, você tem mais sucesso. Isso inclui todos os profissionais envolvidos com a gestão, com a base e as pessoas que aplicam o plano tático. Então, o que sugiro que faça na prática? Que seus cinco ou seis objetivos estratégicos sejam divididos com toda a parte da gestão organizacional da companhia. Todos os gestores e diretores têm de saber de cor quais são as cinco principais estratégias da empresa para o ano. Vamos dar um exemplo disso:

→ Terá lançamento de novos produtos?
→ Melhorará a qualidade dos serviços?
→ Melhorará o atendimento?
→ Está focada na operação?
→ Ou está focada em uma nova fábrica?

Sejam elas quais forem, todos os gestores e todos os diretores, no mínimo, têm de saber sobre essas estratégias. E o plano tático tem de acompanhar tudo isso. Eles têm de saber qual a tática que será implementada por eles e usada para que essas estratégias aconteçam. Todas as pessoas da base têm de entender qual é o seu papel no cumprimento da estratégia da companhia. Qual é a sua participação para a realização do desejo e o que cada um ganha com isso? O alinhamento, o *fit* cultural, faz parte. E aqui, abrindo parêntese, digo que você deve levar em consideração o aspecto do *fit* cultural até na contratação: é extremamente importante que escolha profissionais que se adéquem ao seu *fit* cultural.

Já trabalhei em uma empresa que, naquele momento da minha vida, não tinha uma cultura que se adequasse ao meu *fit*. Eu era um cara extremamente aguerrido, ousado, agressivo e que valorizava muito a autonomia e a utilização da criatividade no meu dia a dia. A empresa, no entanto, tinha padrões de comunicação e processos preestabelecidos havia dez, quinze ou vinte anos. E não queria mudar, pois tinha sucesso assim naquele momento.

O mercado e o consumidor vinham se alterando, mas, diante disso, a companhia afirmava o seguinte: "Isso não somos nós. Não fazemos isso". Alguns anos depois de minha saída da empresa, olho para ela atualmente e observo que já não é mais aquela. Ou seja, a companhia teve de aprender na dor, sofrer com o mercado, ter desvalorização de ações e troca de presidentes e diretoria para se adaptar aos novos tempos. E hoje tem um sucesso incrível.

Toda a sua corporação deve estar alinhada com suas estratégias. Toda a base que vai implementar o plano tático, diretamente alinhado com a estratégia, precisa saber por que, como e quando fazer.

Esse alinhamento, da base ao topo, é um fator crítico de sucesso. Aliás, nada do que está sendo tratado neste livro deixa de ter sua importância, porque o segredo do sucesso, na realidade, não existe. O que há é um conjunto de processos, metodologias, ações, estratégias e táticas que o levarão ou não ao sucesso corporativo, ou seja, podem se converter em lucratividade para a companhia.

> **Não há fórmula infalível! Nem gestor, presidente ou diretor soberano. O que é soberano nesse jogo é quem consome seus produtos ou serviços.**

CADA EMPRESA TEM UMA CULTURA

Uma coisa que aprendi ao longo da minha carreira é que cada companhia preza por um tipo de cultura organizacional, com suas especificidades. Diante disso, o gestor que almeja o sucesso deve ter flexibilidade e uma mentalidade aberta para aprender com tudo o que lhe é oferecido. Entretanto, também deve dar sua contribuição para aprimorar traços da cultura, tornando as empresas cada vez mais arrojadas e preparadas para os desafios presentes e futuros. Foi o que sempre fiz por onde passei.

OPORTUNIDADE DE CRESCIMENTO NO MUNDO CORPORATIVO

Digo que me apaixonei pelo mundo corporativo e aprendi muito sobre ele nos onze anos de trabalho na indústria farmacêutica. Ingressei na Sanofi como propagandista vendedor e foi onde me preparei e me formei como um executivo de destaque. Aquela foi minha primeira e grande escola de negócios, uma companhia que me proporcionou uma vasta e intensa formação prática.

A companhia dava oportunidade de crescimento. De propagandista vendedor, passei por diversos outros cargos, como gerente distrital, gerente regional de vendas e gerente divisional de marketing e venda, além de gerente regional de propaganda médica, cargo em que era responsável pela metade do Brasil e com uma força de venda com mais de 150 colaboradores.

Na Sanofi, tive a oportunidade de participar de lançamentos de produtos incríveis, que melhoraram a qualidade de vida das pessoas e salvaram vidas, algo que nos enchia de orgulho. Um exemplo disso foi o Plavix, bissulfato de clopidogrel, uma droga para a prevenção de acidentes vascular cerebral, coronariano e periférico.

Tratava-se de um antitrombótico de última geração que lançamos no Brasil em 1998 e se tornou um best-seller mundial, faturando bilhões de dólares. Um desafio enorme na época por causa do alto preço, mas que foi superado pela qualidade do medicamento e da estratégia bem-sucedida para o produto.

Sair da Sanofi foi a primeira e mais difícil decisão a ser tomada até então em minha vida. A empresa havia investido na minha formação e preparação como profissional, tinha acreditado no potencial daquele menino de 20 e poucos anos, um mineiro de sotaque carregado que ainda não sabia muito como administrar uma empresa.

No entanto, após muitas noites sem dormir e de muito refletir, resolvi encarar os riscos da mudança e percorrer caminhos até então desconhecidos e incertos. Assim, em junho de 2004, fui para a Natura...

VIDA DE MONGE

Era o início da jornada em outra indústria tão fascinante quanto a farmacêutica, o universo dos cosméticos. Para mim, aquela seria uma nova fase de aprendizado, inspiração e transpiração. Na empresa, conheci o fantástico mundo da beleza e das vendas diretas.

Lembro que, logo em meu primeiro contato com a companhia, presenciei o senhor Luiz Seabra falando para centenas de gerentes de vendas sobre cosmetologia, a área da ciência farmacêutica dedicada a desenvolver, produzir e acompanhar os efeitos e os resultados de produtos cosméticos.

Havia muita paixão em sua apresentação. Achei inacreditável ver as lágrimas de emoção nos rostos dos funcionários, aquilo parecia uma doutrina. Nunca havia presenciado tanto amor por uma empresa e tanta admiração por um líder até aquele momento. Luiz Seabra era um ícone e um líder inspirador para seus funcionários.

Para minha surpresa, logo em meus primeiros dias de Natura, me enviaram para uma missão diferente. Junto com mais cinco ou seis executivos da companhia, fui para Campos do Jordão, região serrana no estado de São Paulo. Lá, passaríamos uma semana inteira na companhia de um monge.

Meu chefe na época, Pedro Villares, me explicou: aquilo tinha o objetivo de me desintoxicar. Como eu vinha de um mundo corporativo muito diferente, onde só se pensava em *business*, alguns outros e eu precisávamos receber um banho de Natura.

Passamos os cinco dias seguintes estudando Platão, Aristóteles e Sócrates. Também fazíamos meditação e reflexões sobre a vida, assistindo ao nascer e ao pôr do sol, diariamente. Ficávamos ainda uma hora por dia em absoluto silêncio, cada um de nós escutando somente o som da própria respiração. Para alguém que nunca tentou fazer isso, garanto: trata-se de algo dificílimo de fazer.

No entanto, foram dias incríveis de uma vivência completamente diferente de tudo que eu havia experimentado. Com certeza, isso contribuiu de alguma forma para mim e para minha vida. Após esse período de reflexão e dos primeiros passos dentro da Natura, estava pronto para seguir minha jornada.

UNIVERSO DOS COSMÉTICOS

Na minha nova casa, fui conhecer como funcionava o incrível mundo da venda direta e da venda por relacionamento, no qual "seus clientes viram amigos e seus amigos viram clientes". Também adquiri experiência nas áreas de vendas, logística, planejamento de vendas, planejamento de canal, planejamento mercadológico, entre outros.

Descobri como aquela empresa e aquele estilo de canal de vendas faziam a diferença na vida das pessoas, pois, além de ser uma empresa, tinha um papel social enorme e bonito. Na Natura, trabalhei um período no Brasil e outro na Argentina, onde pude aprender sobre os hábitos de consumo dos argentinos e vivenciar um pouco as diferenças culturais de um país tão próximo e de hábitos tão distintos.

Os argentinos, por exemplo, têm gostos para cosméticos bem diferentes dos brasileiros, sobretudo, para a perfumaria. Pude pela primeira vez vivenciar o trabalho em uma empresa de menor porte, em que eu tinha mais autonomia de ação e poder de decisão. Os resultados da época passavam dos 30% de crescimento ao ano. Números incríveis, considerando que os anos de 2007 e 2008 não foram bons para a economia argentina.

Após quatro anos na Natura, recebi e aceitei o convite para um novo e gigantesco desafio: ser presidente de duas empresas de cosméticos do Grupo Silvio Santos, a Jequiti e a Hydrogen. Logo na minha chegada, fiz um movimento de enorme renovação nos quadros de gestores da Jequiti. Apenas um dos diretores da administração anterior foi mantido: Marcelo Martins, que atuava no marketing.

Todos os demais diretores e muitos gerentes foram substituídos por talentos que eu trouxe de fora. Escolhi um time de perfil jovem e que queria muito vencer na vida, com níveis de inteligência e comprometimento bem acima da média. Digo jovens de espírito e atitude, pois tinha comigo, por exemplo, José Francisco Queiroz e Fernando Morisco, que eram enormes talentos, mas já passavam dos 60 anos. Tinham, no entanto, a mentalidade aberta e progressista. Requisitos que valorizo muito em um profissional.

Com aquela nova equipe, começamos a reestruturar toda a organização. Desenvolvemos um novo portfólio, mexemos na estrutura organizacional, criamos departamentos, alteramos operações, logística, processos e políticas. Tudo isso feito simultaneamente com a criação de um *business plan* para os três anos seguintes.

A estratégia de marketing e comunicação era robusta, com anúncios em revistas, campanhas institucionais, comerciais e presença em dois programas de TV. Um deles, o *Roda a Roda Jequiti*, tinha por objetivo ajudar no recrutamento de consultoras. Com ele, aumentamos o número de consultoras de 19 mil, em dezembro de 2007, para 43 mil, em dezembro de 2008.

Trabalhávamos no mínimo catorze horas por dia para a realização completa daquele sonho. A empresa passou por uma completa reestruturação, foi criado um plano de negócios e tínhamos formado a melhor equipe. Tudo em tempo recorde. Minha impressão era a de ter saltado em um precipício e ter de construir um avião em plena queda livre. Fechamos o ano de 2008 com 53 milhões de reais em faturamento. Um crescimento de mais de 260% em apenas oito meses de trabalho, comparando com todo o ano de 2007.

Em 2009, fechamos o ano só com a venda porta a porta da Jequiti em 190 milhões de reais com Ebitda positivo. Quando deixei o grupo em janeiro de 2015, tínhamos fechado 2014 com 523 milhões de reais de vendas.

Sanofi, Natura, Jequiti/Hydrogen, Jafra e Jeunesse: cada uma dessas empresas tinha culturas completamente distintas. Com exceção da Sanofi, onde construí as bases da minha carreira, em todas as demais eu mudei a cultura organizacional ao chegar como presidente, sempre procurando torná-las mais arrojadas. Elas também ofereciam desafios particulares para o profissional em uma posição de gestão. Com isso, aprendi que

> **ter flexibilidade e não ter a mente fechada são algumas das características obrigatórias para quem deseja crescer no ambiente corporativo.**

Por isso, a cultura corporativa nos tempos atuais tem de ser forte e adaptável. Assim como os profissionais.

A REVOLUÇÃO NO CONSUMO

Neste capítulo, estamos falando da importância de as companhias cuidarem para que sua cultura organizacional seja forte, mas, ao mesmo tempo, tenha poder de adaptação. Tal flexibilidade deve ecoar em todas as áreas, de modo coerente, algo vital para que uma empresa se mantenha relevante no coração e na mente de seus consumidores. Por exemplo, você já parou para pensar por que as empresas devem se adaptar aos novos hábitos de consumo e o que acontece com quem não faz isso? Pois tenho uma resposta bastante objetiva: quem não faz isso acaba quebrando. A sociedade vem mudando a uma velocidade assustadora. O que aconteceu em termos de evolução tecnológica, de mudança de consumo de novos produtos, de hábitos de vida diários nos últimos cinco anos, provavelmente é algo muito mais radical do que nos cinquenta ou cem anos anteriores. Por quê?

Isso é consequência de uma série de fatores combinados. A globalização, os avanços da tecnologia e uma comunicação facilitada, por exemplo, mudaram tudo.

> **Isso ocorre independentemente do poder econômico e da capacidade intelectual.**

Qualquer pessoa com um QI 86 consegue se comunicar com qualquer parte do mundo nos dias atuais e não precisa nem falar outro idioma. É possível mandar um e-mail em outro idioma utilizando tradutores automáticos disponíveis gratuitamente na internet.

Essa comunicação tão ágil e os novos comportamentos aceleraram os hábitos de consumo e até mudaram culturas. As pessoas conseguem ter informações sobre as inovações em tempo real, em qualquer lugar do mundo. Hoje é muito mais fácil uma pessoa gerar conteúdo, pesquisar, conseguir dados. Por isso, sempre repito que, atualmente,

> **a informação deixou de ser tão relevante. Mais importante é aquilo que você faz com a informação que recebe.**

Mais precisamente, trata-se do modo como posso melhorar o resultado da minha companhia com as informações que tenho disponíveis para mim hoje, tendo em vista que são as mesmas que meus concorrentes têm. Dificilmente, uma empresa terá uma informação privilegiada. E, é óbvio, você vai usar isso para se adaptar aos novos hábitos de consumo. A cada dia, o consumidor torna-se mais exigente: compra do jeito que quer e recebe esse produto da forma que quer. Ele quer empresas *omnichannel*, pois um dia ele compra pela internet, em outro passa em frente à loja física, em um terceiro dia liga para uma consultora porta a porta.

E as empresas que não adaptarem sua forma de distribuição, seus canais de venda e a forma de comunicar não terão sucesso. O marketing é cada vez mais 360. E o que acontece hoje é jogo de gente grande. Onde as empresas falham? Erram, sobretudo, quando insistem em se manter utilizando meios tradicionais com os quais obtiveram algum sucesso, mas que hoje não funcionam tão bem.

No passado, tive muito sucesso utilizando somente a mídia televisiva com algumas empresas. Entretanto, os hábitos mudaram. Hoje, a mídia televisiva ainda funciona para fazer o primeiro estímulo, mas a decisão de compra está em um novo membro do corpo humano chamado smartphone. A decisão de compra está nas redes sociais.

Para decidir uma compra real, se quer adquirir ou não algo, o indivíduo hoje quer saber quantas pessoas estão usando o produto e o que acham dele. Ele consulta sites de reclamação gratuitos que têm muita credibilidade. Quer entender se vale a pena consumir ou não o produto.

> Aquela compra por impulso imediato, sem muita pesquisa, atualmente está em vias de extinção e a tendência é que, em breve, desapareça de vez.

MAIS PODER PARA O CONSUMIDOR

E por que tudo isso ocorre? A enorme facilidade de informação faz com que os consumidores sejam mais exigentes. Ela possibilita que o consumidor tenha acesso a informações de vários produtos ao mesmo tempo. Em consequência, aumenta constantemente a obrigação mercadológica das companhias de se adaptarem a esse novo tempo, bem mais competitivo.

A digitalização e as formas de comunicação on-line facilitaram a vida do consumidor final e deram a eles mais poder de decisão sobre a sobrevivência e o fracasso de sua companhia.

> Os consumidores podem quebrar uma companhia, basta pararem de comprar. Também podem gerar emprego para essa companhia, basta começarem a consumir seus produtos e serviços.

Com isso, o sucesso e o fracasso estarão na mão de uma gestão bem-feita, dos fatores críticos de sucesso internos e da forma com que você atinge seu consumidor final ou possível consumidor final, seus *prospects*, enfim, da forma com que trabalha dia após dia.

Antigamente, eram o bolso, o coração e a cabeça. Hoje, no entanto, com o marketing 360, tudo começa com um trabalho no campo de visão. Depois, a tarefa será entrar na cabeça dessa pessoa, para ver se ela quer ou não comprar esse produto, se precisa ou não. Em seguida, ela vai botar o coração em voga para verificar quão forte é o desejo de compra. E somente no final vai fazer uma conta, ver se vale a pena usar o bolso para adquirir o produto ou não, o *share of pocket*.

Quer uma dica? Trata-se de um processo único. Para atender bem o novo consumidor, use o marketing 360. Comece pelo campo da visão, passe pelo processo mental de aprovação ou não, estimule o desejo no coração e, aí sim, participe do bolso desse cliente. Os fatores podem até ser invertidos, porém o mais importante é ter esses fatores presentes no processo. Você acha que acabou? Não! A partir do momento em que participou do bolso dele, você terá de retomar o processo de visão, mente, coração e bolso, com experiências melhores.

Somente se você oferecer ao cliente uma experiência cada vez melhor com sua marca, você conseguirá fidelizá-lo, para que, a partir daí, ele passe a fazer compras recorrentes, melhorando a rentabilidade e a lucratividade de sua companhia.

A CABEÇA DE QUEM DECIDE

Antigamente, a cabeça de quem decidia na companhia era a do presidente ou do dono. Hoje quem decide sua longevidade, seu futuro, seu sucesso ou seu fracasso é o consumidor ou o possível consumidor. E você só começa a criar uma empresa entendendo o mercado em que atua, as pessoas que quer atingir, quem são os consumidores, quem são os consumidores que talvez consumam seus produtos e quem são os consumidores que nunca vão consumi-los.

Se você começar a descobrir quem são essas pessoas, passar a valorizar mais o entender do que o atender, estará no caminho do sucesso. É mais importante diferenciar o entender bem o cliente, a cabeça, o coração, o bolso e o campo de visão dele, do que simplesmente atender bem o cliente. No final, o atendimento não passa de um processo no entendimento do cliente.

> **Portanto, nosso foco nos dias de hoje não é atender bem, mas entender bem a cabeça do cliente.**

Entender bem o cliente é cada vez mais usado que atender bem o cliente. O atender é um processo dentro do entender e satisfazer. Primeiro, você tem de pensar com a cabeça do consumidor. Todas as vezes que for lançar um produto, deve ter muito claras as respostas para as seguintes questões:

→ Estou lançando esse produto para quem?
→ Qual é o hábito de consumo dessa pessoa?
→ Do que ela gosta?
→ Do que ela não gosta?
→ Como gostaria de ser atendida?
→ Como gostaria de receber esse produto?
→ O que mais valoriza?
→ Ela gostaria de receber um contato, pós-venda, para saber se gostou ou não do produto?

Com isso, você deve buscar entender mais a cabeça do cliente. A partir do momento que a entender, poderá atendê-lo melhor. E, na hora do atendimento, você tem de ir para um próximo passo, gerar a melhor experiência possível, o que vale para todas as fases do atendimento. O entender bem é para poder atender bem. Para você receber seu consumidor, apresentar seu produto, demonstrar o valor de seu produto ou serviço de entrega.

Depois disso, você acompanha a jornada dele, acompanha o produto e a entrega. Depois que receber o produto, verifique:

→ Ele gostou ou não do produto?
→ Em que você pode ajudar?
→ Haverá recompra?
→ Quando haverá essa recompra?
→ O que preciso fazer para satisfazer meus clientes de forma completa?

Porque, a partir do momento em que ele for atendido novamente, você pode estabelecer mais uma conexão para entender a cabeça dele e assim ter sucesso. Portanto, no mundo atual, as empresas de sucesso não atendem bem; na verdade, entendem bem quem consome seus produtos e serviços. E isso faz toda a diferença.

CNPJ É FEITO DE GENTE

Criei uma frase há alguns anos que quero compartilhar com você:

atrás de um CNPJ existe um CPF.

O que isso quer dizer? Tempos atrás, eu vivia em um mundo em que se distinguiam duas formas de atendimento: o B2B (*business to business* ou venda entre empresas) e o B2C (*business to consumer* ou venda para o consumidor final). O B2B pensa diferente, só olha o desconto e a durabilidade. Já o B2C observa a qualidade, o estímulo, e é guiado pela vontade e pelo desejo.

No entanto, eu tinha uma filosofia em que não havia essa suposta diferença, porque atrás de todo CNPJ há um CPF. Ou seja, se é uma empresa que está comprando, quem é a pessoa que toma a decisão? É o dono, o presidente, o comprador? Então, o primeiro passo é saber quem é que toma decisão por aquela empresa. Porque CNPJ sozinho não compra nada, não vive e não prospera. É preciso pelo menos um CPF para mover o CNPJ. O CNPJ é como a carruagem, em que os CPFs são os cavalos que puxam e o cocheiro, que está lá em cima, conduzindo.

Sempre quem conduz, empurra e decide são os CPFs. Um CNPJ sozinho é simplesmente como uma carruagem vazia, sem o cavalo e sem o cocheiro. Portanto, é preciso entender a cabeça de quem está tomando a decisão pelo CNPJ. O B2B tem um ser humano por trás tomando cada decisão, seja ele o comprador, o presidente ou o dono. Diante disso, nossa função na hora de atender é descobrir o que despertará o desejo, o que fará com que aquela pessoa compre de mim, e não do meu concorrente. Será que é porque:

→ Tenho o melhor preço?
→ Tenho melhor qualidade?
→ Tenho melhor durabilidade?
→ Faço mais entregas?
→ Deixo melhor lucratividade?

É preciso entender essa equação. E você só consegue compreender isso se entrar no foco de visão, no coração e no bolso de quem consome seus produtos. E quem faz isso sempre vai ser um CPF, independentemente de você vender para a empresa. De quem vem o poder de decisão? Quem é a pessoa que decide na compra de um produto? É aí que está o segredo da venda B2B. Não é vender para a empresa, é você vender para quem toma a decisão de compra nessa empresa.

Nenhuma empresa compra sozinha, não acorda de manhã, não dorme. A empresa apenas está lá. Quem compra são as pessoas que têm a tomada de decisão naquela corporação. Em toda compra B2B, você tem de entender quem é a pessoa, o CPF, que está ali tomando a decisão, comece a pensar com a cabeça dele, entenda do que precisa, e terá sucesso nas vendas para as empresas. Seja como for, entender o consumidor é sempre o mais importante.

Com isso, finalizamos mais uma etapa em nossa caminhada em direção ao êxito corporativo. Nós nos aproximamos da reta final. O próximo assunto? Inovação. Está pronto? Então, você sabe, estarei no capítulo seguinte, esperando por você. Vamos em frente!

> **Risco, sucesso e inovação fazem parte da estrada para o sucesso!**

Capítulo 6
Inovação em todos os tamanhos

BEM-VINDO AO PENÚLTIMO TRECHO de nossa maratona em formato de livro. Como em qualquer prova de longa distância, à medida que avançamos, fomos deixando algo para trás. Contudo, nesse caso, não eram outros maratonistas ou pontos fixos no trajeto. Ao longo das páginas, nosso percurso foi composto de elementos e conceitos do mundo corporativo. Em cada capítulo, você pôde conferir um cenário repleto de informações. Houve espaço para lucratividade, rotina produtiva, plano tático e estratégico, liderança, meritocracia, comprometimento acima da média, cultura corporativa, entre tantos outros temas.

Você está cansado? Duvido muito. Estou certo de que não foi por acaso que escolheu esta leitura ou que ela lhe tenha sido indicada. E se está me acompanhando até aqui é porque, assim como eu, você sempre busca mais conhecimento e aprendizado para se desenvolver e melhorar a cada dia. Ser hoje melhor do que ontem e trabalhar para ser amanhã melhor do que hoje.

Esta é a essência de quem busca inovar. Inovação é sinônimo de disrupção, mas, como afirmei lá na introdução, muitas vezes quando me refiro ao ato de inovar não estou necessariamente falando de grandes disrupções tecnológicas. Acredito nas pequenas disrupções. Você não precisa fazer uma grande disrupção, deve realizar a disrupção produtiva. Quero ampliar ainda mais essa ideia.

O conceito de inovar mudou. Inovar não é mais ter uma grande ideia ou uma grande sacada. Como também disrupção não é ter um movimento extremamente brusco como a palavra indica. Você pode ter pequenas disrupções que se transformem em dinheiro, que lhe tragam lucratividade. Algo similar ocorre com a inovação. Na rotina das empresas,

inovar é fazer melhor o que os outros já fazem, assim como é fazer melhor hoje o que você fez ontem e fazer amanhã melhor ainda do que fez hoje.

"Tá, Lásaro, mas, como isso ocorre na prática?", quase posso ouvir você pensando. Para inovar, você deve olhar para uma área ou um departamento de sua empresa e buscar rotineiramente pequenas melhoras. Tudo aquilo que você faz ou vende da mesma maneira nos últimos dois anos pode e deve ser revisado!

Também consiste em olhar para determinado produto ou serviço e tentar melhorá-los no dia a dia para atender novos hábitos de consumo. Ou mesmo para atender um hábito de consumo já existente, mas trazer algum tipo de satisfação agregada, alguma coisa nova. Que seja simples, mas que seja percebida pelos clientes. Essas mudanças devem ser avaliadas sistematicamente e com frequência.

Cada vez mais as empresas estarão à mercê de pequenos movimentos de inovação e das pequenas disrupções. Até porque, se o gestor ficar esperando as grandes sacadas, é provável que elas não aconteçam com a frequência necessária para a sobrevivência da empresa. Talvez nunca ocorram em algumas empresas.

> **Caso fique esperando uma grande inovação, uma companhia corre o risco de morrer obsoleta. Diante disso, o que você tem de fazer? Criar pequenos movimentos de inovação para ajudar a monetizar seu negócio.**

Foi a partir desse princípio que criei o conceito: "para ter dinheiro novo, você deve ter um fato novo". E no que consiste o fato novo? São as pequenas disrupções e inovações na rotina, nos processos ou na metodologia, como já falei no capítulo 2. Enfim, são aquelas disrupções que você consegue implantar na companhia no dia a dia de trabalho. Acredito muito nisso, até porque respiro isso há décadas. Sou testemunha do efeito transformador da inovação nos negócios e de como uma ideia, quando bem aplicada, pode significar milhões para a empresa. Aplique isso a partir de agora. Tenho certeza de que você vai se surpreender.

A FOME COM A VONTADE DE INOVAR

Além da inovação disruptiva, acredito na inovação mais básica, com questões do dia a dia. Conheço um bom exemplo disso. Tenho um amigo, Marcelo Pimentel, dono da hamburgueria Barneys, com unidades em Fortaleza (CE), e proprietário de outras redes de lanchonete, além de casas de carne pelo Nordeste. Certa vez, eu fazia uma palestra lá e perguntei: "Quem aqui fez algo disruptivo nos últimos dois anos?". Diante do silêncio da plateia, apontei para ele e falei:

"Marcelo, você é um cara muito criativo. Não acredito que você não tenha feito nenhuma inovação dentro de seus diversos negócios".

Ele coçou a cabeça e respondeu tranquilamente: "Cara, há algum tempo, eu, que sou um pouco gordinho, estava à noite na hamburgueria, quando me deu uma enorme vontade de comer pastel. Mas, ao mesmo tempo, estava querendo devorar um hambúrguer. Diante do dilema, preparei dois pastéis e um hambúrguer, com queijo cheddar e todos os ingredientes do sanduíche. Coloquei um pastel em cima, um embaixo e o hambúrguer no meio. Ficou uma delícia. Dias depois, preparei e ofereci a alguns amigos, que provaram e aprovaram. Ao incluir a novidade em nosso cardápio, o sucesso foi imediato e hoje ele é meu carro-chefe. Depois dele, criei o hambúrguer de tapioca e outros".

Isso é o que chamo de pequena disrupção. Um movimento que gera lucratividade. Em um dia de fome, Marcelo criou uma novidade a partir de sua vontade de comer pastel e hambúrguer. Ele não reinventou a roda, não criou algo extremamente inovador, mas seu hambúrguer de pastel significou algo que lhe trouxe um dinheiro novo. Portanto, acredito muito nesses pequenos movimentos de inovação feitos no dia a dia das empresas.

A miopia empresarial de muitas pessoas que trabalham na área de marketing é achar que, para ser inovador, temos de criar uma nova categoria de produto, fazer um lançamento que ninguém nunca fez, criar uma nova Apple ou Microsoft. Para muitos, se não for algo nesse nível, a empresa não está sendo disruptiva ou inovadora. O que acontece é que essas pessoas parecem não perceber que o mundo mudou.

O conceito de inovação ou de disrupção não se refere mais a algo obrigatoriamente drástico e bombástico. O hambúrguer de pastel do Marcelo prova que pequenos movimentos disruptivos são capazes de gerar grandes resultados para a companhia. Trata-se de uma ação que promoveu uma pequena disrupção. A inovação não precisa ser altamente disruptiva, não precisa ser 100% grandiosa, mas tem de promover algum movimento.

Então, o que você precisa? Você deve ter frequência e sequências de ações que se somam. Acredito muito nisso! Sair do padrão e fugir um pouco da rotina. Portanto, qualquer movimento inovativo, mesmo que pequeno, também é uma disrupção. Temos a mania de falar: "sou disruptivo" no sentido de dizer que fizemos algo grandioso. Você não precisa fazer algo descomunal, como mudar o trajeto do rio São Francisco, para ser considerado disruptivo. Não, não precisa. Há a inovação e a disrupção do dia a dia que vão garantir a sustentabilidade das empresas.

+ RÁPIDO + EFICIENTE + PRODUTIVO

Falamos de inovação e disrupção. Mas sejam pequenas, médias, grandes ou GG, por onde o gestor deve começar?

> **O principal modelo para alguém ser inovador no dia a dia da companhia é passar a olhar para todos os processos e atividades que já estão sendo feitos há pelo menos dois anos e tentar adaptar isso aos novos tempos.**

Também consiste em tentar tornar esse processo mais ágil, eficiente e produtivo, todos os dias.

Isso vale ainda para tudo que você faz por um período constante e que vem dando certo. É preciso olhar para isso com uma visão crítica, como se não estivesse dando certo. Nesse aspecto, aquela filosofia de que "em time que está ganhando não se mexe" é um problema. Quando o empresário olha para sua companhia e diz: "ah, mas eu estou bem assim até agora. Não vou mexer", isso é ruim, pois torna a empresa pouco inovadora, pouco disruptiva e alimenta a miopia empresarial, da qual já falei neste livro.

Por causa da velocidade das transformações no mundo atual, essa pode ser uma grande armadilha. Não mexer apenas porque deu certo pode ser um crime. O empreendedor deve olhar todos os dias para todos os conceitos, processos, no modelo cultural, de vendas, logística, distribuição e tentar buscar adaptações produtivas. Melhoria contínua! Mesmo que sejam pequenas, como tenho falado insistentemente.

É necessário observar com bons olhos um processo e tentar levar para ele mais velocidade, eficiência e produtividade. Por exemplo, no processo de venda, tente começar a abrir novos canais, aumentar a venda por canal, ser mais produtivo, mais dinâmico, aumentar a capilaridade.

> **Em tempos difíceis, é mais fácil crescer por capilaridade que por produtividade.**

A sua entrega tem de ser cada vez mais fracionada, moldada ao seu cliente, você deve facilitar cada vez mais a velocidade desse serviço.

Inovação na rotina é olhar para o detalhe do que a empresa realiza durante as horas do dia, durante o mês, o ano, e tentar criticar o processo, a fim de torná-lo, sobretudo, mais ágil e mais produtivo. Se você conseguir isso, estará se adaptando aos novos tempos. Volto ao conceito de darwinismo corporativo, segundo o qual atualmente vence em um mercado competitivo não somente o mais forte ou quem tem mais dinheiro, mas aquele que melhor se adapta aos novos tempos.

Um processo de melhoria e adaptação depende justamente das rotinas inovadoras, produtivas e disruptivas. Não mais de grandes eventos. Agora são vários. Dezenas, centenas ou milhares de pequenos eventos inovadores e disruptivos. Com isso, o conselho que dou é: olhe para qualquer que seja o processo e tente transformá-lo em algo cada vez mais rápido, eficiente e produtivo. Busque isso em seus processos, sejam de distribuição, marketing, inovação, área financeira, controladoria, qualquer um deles.

Olhe para os processos, para a metodologia e para a forma como é feita a rotina em todas as células corporativas que compõem o corpo chamado empresa. Tente implementar mudanças e adaptações, sempre com foco na agilidade, na eficiência e na produtividade. Isso certamente fará a diferença em seus resultados.

O CHEIRO DO SUCESSO

Já citei em mais de uma ocasião aqui o conceito de fazer um pouco melhor o que os outros já fazem. Quero compartilhar um bom exemplo disso. Como já contei no capítulo 5, em 2008, a convite de Silvio Santos, saí da Natura, onde comandava a área comercial e planejamento na Argentina, e vim ser presidente da Jequiti e da Hydrogen, do Grupo Silvio Santos. No primeiro dia na nova empresa, examinei o catálogo de venda, feito em papel reciclado, e me lembro de ter pensado: "Isso é total espírito *wanna be* [quero ser] Natura".

Eu conduziria uma empresa que queria ser a Natura, mas nenhuma empresa do mundo jamais vai conseguir copiá-la. A Natura já tinha um conceito e um estilo único muito antes de existir, pois carregava a essência de seu fundador, Luiz Seabra, e dos sócios Guilherme Leal e Pedro Passos, que eram pontos imbatíveis. Uma empresa impossível de ser copiada por causa de seu DNA único. Além disso, tentar copiar uma empresa é um dos principais erros que alguém pode cometer, uma vez que estamos falando de conceitos, cultura, essência, elementos que não são possíveis de serem reproduzidos. Você pode usar como modelo, como *benchmarking* (referência), mas fazer igual ninguém consegue.

Diante do desafio, depois de ver o catálogo, pedi que fossem colocados todos os nossos produtos em cima da minha mesa, lado a lado com os dos nossos principais concorrentes, para que eu pudesse ter uma visão geral e os comparasse. Desse modo, foram montadas três mesas: na do meio, produtos Jequiti; de um lado, Avon; e do outro, Natura. Cada item trazia seu preço. Ali, concluí que nunca conseguiria construir uma marca tão forte quanto a Natura em um curto espaço de tempo. Tampouco conseguiria ter preços competitivos como os da Avon, entre 30% e 40% mais baratos que os nossos na época. Os da Natura eram entre 10% e 20% mais caros que os da Jequiti.

Tentar copiar a Natura era perda de tempo, por isso chamei o diretor de produto e falei: "Nós vamos mudar tudo". E a primeira mudança foi acabar com o catálogo em papel reciclado, estilo Natura, o que causou contrariedades, pois muita gente da empresa adorava o conceito de sustentabilidade. Diante disso, argumentei: "Para cosméticos, quero tecnologia e brilho. Esquece o papel reciclado. Vamos tirar esse catálogo feio e transformá-lo em algo bonito".

O passo seguinte foi tentar implantar na Jequiti o que a empresa francesa Coty havia feito e lançar uma série de perfumes de celebridades, como David Beckham, Céline Dion, Jennifer Lopez e Sarah Jessica Parker, estratégia que catapultou o faturamento da empresa de um patamar de 300 milhões de dólares ou 400 milhões de dólares para 5 bilhões de dólares. Olhei para aquilo e falei: "Vou reproduzir aqui exatamente a estratégia adotada pela Coty no exterior". Simples assim. Em 2008, não havia produto de celebridade no Brasil em venda porta a porta.

Fui atrás de empresas como Coty, Estée Lauder e Elizabeth Arden, para tentar lançar seus produtos, mas não consegui. Em uma dessas negativas, cheguei a ouvir de um deles: "Ah, Lásaro, venda porta a porta é para idosos e pobres". Após muita insistência, consegui que a Estée Lauder me desse uma marca chamada Sean John, do rapper norte-americano Puff Daddy, que ninguém conhecia no Brasil na época, incluindo eu.

Nessa ocasião, o presidente da Estée Lauder no Brasil me disse: "Esse produto não vende nada no Brasil. Se você conseguir fazê-lo vender, te dou outras marcas". Lançamos o perfume, que tinha um comercial sensual e uma fragrância maravilhosa. Mesmo sem ninguém conhecer o rapper, o produto foi um sucesso absurdo. Com esse avanço, começamos a lançar celebridades internacionais e locais.

Em pouco tempo, chegamos a ter um portfólio com mais de cinquenta perfumes de celebridades. O faturamento da empresa saltou de 20 milhões de reais em 2007 para 523 milhões de reais em 2014. Essa estratégia era a maior isca da Jequiti. Embora não chegasse a representar mais do que 30% ou 40% do faturamento da companhia, era um grande alavancador, que tornou a empresa conhecida.

Lembro que, quando fui apresentar a ideia de perfume de celebridades para o Silvio Santos, ele disse: "Não, de jeito nenhum, isso não dá certo no Brasil". Depois que lancei a primeira, ele adorou, mas, inicialmente, foi contra. No entanto, insisti naquela ideia de que deveria levar alguma diferenciação para a empresa e surgiu o caminho das celebridades, o que fez da companhia um sucesso. Como se pode ver, é possível fazer inovações que geram resultado sem precisar mudar totalmente o curso da companhia. Ali, eu estava fazendo um pouquinho melhor o que os outros faziam. Não fui 100% inovador. Peguei o que a Coty fez, nacionalizei e deu certo.

BÚSSOLA PARA INOVAR

Uma história de bastidor que acho muito interessante, pois revela a importância de inovar e de entender a cabeça do consumidor, é o que ocorreu em 2008 na Jequiti. Ao decidir que faríamos um investimento em perfumes de celebridades, solicitei ao Marcelo Martins, diretor de marketing da empresa à época, que fizesse uma pesquisa e buscasse uma celebridade brasileira para fazermos um teste de estratégia, pensando em lançarmos um perfume com a fragrância assinada por essa pessoa.

Depois de ir a campo, Marcelo voltou e trouxe um nome com ele: Fábio Jr., cantor, compositor e ator, que tinha 55 anos naquela época. Detalhe, antes mesmo das pesquisas, o próprio diretor de marketing já havia sugerido o nome de Fábio Jr. várias vezes, sempre que parávamos para cogitar uma celebridade para a estreia desse projeto. Sua aposta no cantor veterano, porém, tinha uma explicação: ele havia conversado com diversas consultoras de beleza da Jequiti sobre o assunto.

Em um primeiro momento, confesso que estranhei aquele retorno. Nada contra Fábio Jr., mas imaginava um símbolo que representasse a sensualidade para lançar o perfume, alguém que fosse um símbolo sexual. Com isso em mente, considerava uma pessoa, sei lá, em torno dos 30 anos. No entanto, o escolhido naquela primeira sondagem tinha quase o dobro disso.

Marcelo, porém, disse algo que mostrou a importância de se pesquisar o consumidor final antes de qualquer ação: "Fábio Jr. é um 'objeto de desejo' de mulheres de 18 a 80 anos". Para você ter uma ideia, a pesquisa do departamento de marketing da Jequiti queria saber "qual celebridade brasileira o entrevistado gostaria de ver em uma marca de perfume". Ao escutar a "voz das ruas", o resultado foi o seguinte:

1º lugar - Fábio Jr.
2º lugar - Ivete Sangalo
3º lugar - Claudia Leitte

Ainda um pouco incrédulo, orientei para que fosse feita uma nova pesquisa, uma vez que eu não poderia errar na aposta de uma celebridade para inaugurar essa nova estratégia na Jequiti. O marketing voltou a campo e algumas semanas depois retornou com um novo resultado, que era esse:

1º lugar - Fábio Jr.
2º lugar - Claudia Leitte
3º lugar - Ivete Sangalo

Pelas entrevistas, nós, da Jequiti, poderíamos ter dúvida sobre qual celebridade ocupava uma segunda posição no gosto do público: Ivete Sangalo ou Claudia Leitte? No entanto, novamente havia um nome que ocupava o topo da lista, que registrou uma larga vantagem sobre os demais. E, mais uma vez era o de Fábio Jr. Com esse segundo retorno, fui convencido e disse para o diretor de Marketing: "Vamos preparar o lançamento da nova fragrância da Jequiti com Fábio Jr. e, Marcelo, reze para ser um sucesso".

Naquele momento, todo o time de marketing mergulhou no lançamento: foram criar um conceito, brifar agências, desenvolver embalagem, fragrância e produzir um comercial para a televisão. As pessoas trabalhavam enlouquecidas, mas com uma felicidade enorme. Nunca tinha vivido um momento de tanta euforia e paixão corporativa em minha vida. Fiquei com uma certeza: gente feliz produz mais! Quando fui falar com Silvio Santos sobre o lançamento, o diálogo foi algo assim:

– Silvio, vou lançar um perfume do Fábio Jr.
– Quem? – perguntou, como quem não acredita no que ouviu.
– Fábio Jr., Silvio, aquele cantor famoso da década de 1980. Daquela música "Pai"...
– Você tem certeza disso, Lásaro? Esse moço vai vender perfume? Quem te garantiu isso? – queria saber o dono da Jequiti.
– Silvio, encomendei uma pesquisa e ele venceu disparado. Não satisfeito, encomendei um segundo levantamento e ele venceu novamente. Acredito que temos de apostar... – defendi.
– Bem, a empresa é sua, então a responsabilidade é sua. Portanto, vá em frente – resumiu Silvio.

Lançamos o perfume do Fábio Jr. e foi um sucesso absoluto de vendas, batendo todos os recordes dentre tudo o que havia sido realizado pela Jequiti até ali. Até janeiro de 2015, quando deixei a empresa, o perfume do cantor era um dos mais vendidos da empresa. Isso confirmava o que nossas pesquisas nos indicaram. Portanto, inovar é importante, mas é sempre imperativo ter informações para embasar nossas ações.

Era simplesmente impressionante como as consultoras amavam o Fábio Jr. e diziam querer sentir o cheiro do cantor nos maridos delas. Fábio participava ativamente do lançamento e distribuía perfumes aos fãs nos shows. As apresentações dele, aliás, eram perfumadas por nós com as fragrâncias. Mais uma forma de inovar.

Quer outra? O cantor também promovia jantares na casa dele em que eram convidadas as consultoras que mais vendiam seus perfumes. Foi, portanto, um grande lançamento, além de um produto que se mostrou de muito sucesso.

SOBRE LUCRO E GANHOS

Tenho um conceito que chamo de doutrina da lucratividade ou doutrina da monetização. Todo profissional que almeja chegar ao nível de gestor, quando sai da base da pirâmide e alcança o meio dela, precisa entender que a empresa deve se pagar, ou seja, a conta tem de fechar sempre. Nem sempre isso é fácil ou pode até fazer parte da estratégia, mas, depois de algum tempo de existência, a empresa tem de dar lucro.

A partir daí, o processo vem de cima para baixo da hierarquia e precisa estar gravado na mente de todos os líderes da empresa, com questionamentos como: qual é o retorno do investimento? Qual é o tamanho da margem?

E isso não tem de ter efeito somente na área financeira. Deve começar no marketing, depois em vendas, em seguida, em finanças, operações etc. Trata-se de algo que deve permear a empresa como um todo. O presidente é o grande responsável por colocar isso na cabeça de todos os gestores.

Tudo que se faz dentro de uma empresa visa ao lucro. Estamos falando de uma sequência lógica: o capital sempre remunera o social, promove o desenvolvimento humano e intelectual. Assim se constrói uma companhia saudável. Uma empresa não é uma ONG. Você não pode simplesmente gastar, tem de investir. Tudo que for feito deve ter um retorno sobre o investimento e cabe ao gestor descobrir qual é o tempo disso.

> **O segredo do sucesso das empresas é ter um CEO com a cabeça na distribuição de riqueza.**

A partir disso, você já pensou em escolher quanto vai ganhar? Acredito que cada um pode chegar ao topo do Everest no que se refere a seus ganhos em dinheiro. Um empresário, por exemplo, pode escolher o faturamento e a lucratividade que quer ter em sua empresa, a partir dos pontos qualitativos da sua gestão e dos investimentos que tem capacidade financeira para fazer. Não há milagre! Uma coisa leva a outra. Já um empregado pode escolher seu salário, com base em suas entregas.

Toda empresa é um organismo vivo e depende de lucro para viver. Assim, você deve saber que suas ações lhe trarão lucro ou prejuízo. Tudo aquilo que você planejar em um nível estratégico deve ser complementado por um plano tático e ter uma execução perfeita. Com base nessa execução, você vai medir os resultados e, à medida que vão sendo positivos ou negativos, você vai alterando a rota.

Às vezes, mesmo quando são positivos, você tem de mudar a rota para melhorar, acelerando mais. E quando estão negativos, você tem de parar, pensar e analisar. Avalie as estratégias, o plano tático e as pessoas envolvidas. Cada uma dessas variáveis pode se mostrar certa e errada dentro do processo e tem de ser analisada. Quando algo não está dando certo, você pode ter um erro estratégico, tático ou humano.

Portanto, essas três variáveis são importantes para você acompanhar junto com os resultados da companhia.

> Como gestor, nosso papel é o de sempre acompanhar, medir, reorganizar, testar de novo, assim por diante. Trata-se de um processo contínuo que tem de ser feito dentro de todas as companhias.

QUAL É O SEU NÍVEL DE OUSADIA?

Ao longo deste livro, você pôde perceber que gosto de criar frases para definir meus conceitos. Isso é algo que me acompanha desde o início da minha carreira. Uma das principais frases e que amo é: "O que diferencia um empresário de sucesso de um de fracasso é o tamanho do cagaço". Ela serve para explicar que você sempre vai ser do tamanho da sua ousadia, do risco que corre e das decisões que você toma.

> Alguém indeciso e com medo não vai a lugar nenhum. Por isso, a pior decisão é nunca decidir.

Uma pessoa extremamente conservadora pode até viver com tranquilidade, mas nunca será muito rica. Um indivíduo ousado tem duas chances na vida: o Céu ou o Inferno. Dificilmente fica no purgatório ou no umbral.

Com minha vivência, descobri que as pessoas que conquistaram muito sucesso nunca tinham medo de nada. Apostaram e corriam riscos. Já aquelas que em geral fracassaram eram as que nunca decidiram nem ousaram. Eis, portanto, o que diferencia o profissional de sucesso e o fracassado.

Trata-se de um conceito que mostra que a águia voa com águia enquanto o pombo voa com pombo. A águia não pode voar com o pombo, nem o pombo pode voar com a águia. A ousadia é importante. Certa vez, ouvi uma frase de Jorge Paulo Lemann, em que ele afirmava o seguinte: "Sucesso, risco e dinheiro estão no mesmo lugar na escala de resultado da companhia. Ficam um do lado do outro na escala dos bons resultados".

Portanto, para ter sucesso, dinheiro ou ambos, você tem de correr riscos.

Em geral, quem tem sucesso e dinheiro corre riscos. Portanto, meu amigo, o que diferencia o sucesso e o fracasso é o tamanho do cagaço. Com isso, chegamos ao momento do *sprint* final em nossa prova. A linha de chegada já pode ser visualizada daqui. Está representada por nosso capítulo final, a uma virada de página de distância. Enquanto você ainda reflete sobre seu nível de ousadia, avance no papel e esteja preparado para as últimas passadas em nossa jornada. Já estou lá. Vamos nessa!

Capítulo 7
Os diamantes são eternos

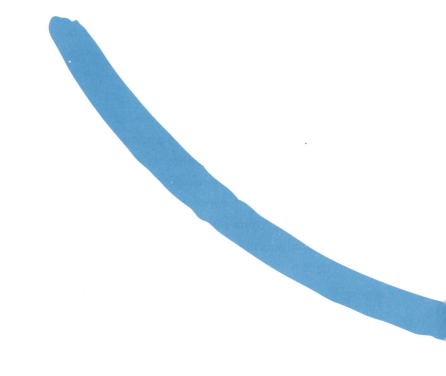

PODEMOS AFIRMAR QUE a existência humana é efêmera, mas que empresas nascem para ser perenes, ou seja, duradouras e resistentes. Portanto, quando você transforma seu negócio em algo lucrativo e com liquidez e tem uma cultura corporativa forte e adaptável, isso é uma garantia de perenidade. No entanto, devo alertar que manter a estabilidade no mundo atual nunca vai ser fácil.

Acredito que companhias devem acumular décadas e até séculos. Nesse aspecto, um bom exemplo é a Faber Castell, empresa fundada na cidade alemã de Stein em 1761, ou seja, com 260 anos em 2021. Nesse período, a companhia vem atravessando gerações dentro da mesma família, mantendo-se sempre lucrativa e com forte presença mundial.

Ao observar bem, constatamos que a maioria das companhias duráveis são familiares. No entanto, no meio corporativo por vezes se fala mal desse tipo de organização, apesar de haver entre elas exemplos extremamente profissionais. Uma empresa pode ser familiar e de gestão profissional, seja ela feita por integrantes da família ou não. Em geral, as empresas familiares mais profissionais também são as mais antigas do planeta. Trata-se de companhias que têm um período de vida muito maior em relação à sua concorrência.

A meu ver, a grande importância de ter uma empresa longeva é que você vai construir uma história e deixar seu legado. Portanto, o gestor deve trabalhar focado para que a companhia passe de geração em geração, não somente garantindo o sustento na família, mas produzindo também o dos funcionários, assim como o de todos aqueles envolvidos em seus negócios.

Nos capítulos anteriores, quis trazer para você meios e reflexões importantes para que sua empresa tenha cada vez mais lucratividade. Para que siga evoluindo pelas próximas décadas e séculos, carregando sua história e seu legado como gestor. Porque

> **o trabalho do empresário e do empreendedor não se parece com uma prova de 100 metros rasos. Trata-se de uma ultramaratona, das mais desafiadoras que podem existir...**

VÁ EM BUSCA DE SEU SUCESSO

E estamos cruzando, enfim, nossa linha de chegada. Este é o último capítulo deste livro, construído com muito entusiasmo e dedicação. Afinal, é uma grande satisfação para mim poder compartilhar com você muitos dos ensinamentos que acumulei ao longo da minha carreira. Dividir o conhecimento sempre foi algo que me deu muito prazer. Não é à toa que antes de começar no mundo corporativo trabalhei, dos 18 aos 23 anos, como professor na escola estadual onde havia estudado, algo que se tornou uma paixão.

Mesmo nos dias de hoje, em paralelo à rotina no escritório, realizo palestras Brasil afora e sou professor convidado do MBA da Pontifícia Universidade Católica do Rio Grande do Sul (PUC-RS), em seu EAD. Apesar de tudo isso, decidi condensar nas páginas que estão diante de você um conteúdo que acredito ser valioso para toda pessoa que almeja uma posição de gestor e/ou de liderança em uma companhia. São pontos que gostaria de ter sabido no início da minha carreira, pois certamente teriam me ajudado demais.

Muitas dessas lições integram o conceito que chamo de caos produtivo. Atualmente, o profissional que exerce múltiplas tarefas precisa saber como gerar resultado no final do dia e transformar sua realidade em algo que traga lucratividade para a empresa, assim como a remuneração que ele deseja. Como constatamos, para que isso se torne algo concreto, um dos caminhos é construir fatos novos para ter dinheiro novo. Esta é uma das principais leis que regem minha trajetória profissional. Espero que ela seja integrada ao seu dia a dia, pois sei de seu potencial transformador.

No entanto, vimos uma série de outros elementos. Falamos, em especial, sobre a importância de realizar o básico bem-feito, de estabelecer processos claros e bem definidos e de criar uma rotina produtiva. Ao final de cada dia, você deve avaliar se teve um expediente ocupado ou produtivo. Para que tanto você como os funcionários busquem ter mais dias repletos de produtividade e menos dias abarrotados de ocupações.

Falamos muito sobre como o planejamento estratégico tem de ser muito bem estruturado. No entanto, se isso não tiver o apoio de um planejamento tático e de uma peça orçamentária, de nada vai adiantar. Por isso, em primeiro lugar, o gestor deve fazer uma peça orçamentária, para, em seguida, elaborar seu planejamento estratégico. Muita gente não se dá conta disso, no entanto. É preciso verificar se a empresa possui os recursos necessários para implementar as estratégias almejadas. Caso não possua, o empreendedor deverá criar dinheiro novo para levar adiante seus planos.

Outro ponto que abordamos foi sobre os processos de contratação de pessoal, etapa em que se mostra importante a verificação dos candidatos a cargos na empresa. Nessa averiguação, é preciso muito empenho na hora de selecionar quem vai trabalhar com você. Deve-se ligar para chefes anteriores, pares e subordinados, em uma tarefa que tem de ser extremamente bem conduzida.

Tal cuidado na escolha é vital e está relacionado a outro tema. O peso do fator gente em todas as empresas. Que tipo de pessoa você quer em sua empresa? É de máxima relevância ter gente que move gente nas posições de liderança da companhia. Gente que tira o melhor de gente, que estabelece resultados, que faz as coisas acontecerem. Sempre insisto nisso: o principal diferencial para o sucesso ou o fracasso no mundo corporativo atende pelo nome de gente. Daí a importância, por exemplo, de contratar somente quem tenha mentalidade de dono.

Enfatizamos ainda o valor de se pensar com a cabeça do consumidor final e entender o mercado em que sua empresa está inserida. Nessa missão, tão desafiadora quanto fascinante, muitas vezes é preciso tentar realizar desejos que eles nem sabem que existem. Acima de tudo, portanto, o empreendedor deve ter uma boa dose de sensibilidade e perspicácia para entender a mente humana.

Tenho absoluta certeza de que, se você seguir cada um desses passos, fazendo o básico bem-feito e cuidando dos detalhes, terá muito sucesso. Conte com a minha torcida. E lembre-se sempre da velha e máxima lei da vida:

> **As pessoas, sobretudo os líderes, só podem guiá-lo por caminhos que já percorreram.**

UM ATÉ LOGO

Meu caro leitor, gostaria de finalizar este livro dizendo algo para você, como se estivesse olhando diretamente em seus olhos: eu me considero um cara progressista por natureza, no sentido de alguém inovador. Mesmo antes de saber o que significa ser progressista no mundo dos negócios ou como filosofia de vida, eu já pregava que, para existir bem-estar social, é preciso haver capital. Assim como acredito que, para termos prosperidade, é necessário ter geração de riqueza. E, para que ocorra o desenvolvimento humano e intelectual, deve-se ter a criação de recursos.

Com isso, espero que este livro tenha trazido contribuições importantes para você, com preceitos básicos de metodologias que permitam fazer com que a sua empresa, por meio do trabalho, gere resultados positivos. Independentemente de você ser o dono da companhia ou um executivo. E que os frutos benéficos da empresa colaborem para a criação da riqueza individual das pessoas, assim como para o desenvolvimento da sociedade como um todo.

Além disso, desejo que este livro auxilie no desenvolvimento intelectual dentro das corporações, uma vez que, em uma organização, o indivíduo também almeja esse tipo de aprimoramento no ambiente de trabalho, ao buscar oportunidades, ser criativo ou tentar mudar a rotina. Quando utilizamos nossa capacidade analógica de raciocínio, desenvolvemos nossa capacidade de nos relacionarmos e, dessa maneira, evoluímos como seres humanos, e não somente como homens de negócio. Também transformamos nossas ações do dia a dia em atitudes positivas e que contribuem para alguém.

Que este livro o ajude a entender que ter sucesso não é ter dinheiro. Ter sucesso é ter propósito e construir um legado. Significa levantar da cama todas as manhãs com uma causa para defender e um objetivo a alcançar. O sucesso está muito mais ligado ao reconhecimento que você recebe da família, da sociedade, dos amigos, do seu entorno, porque aquilo que você faz gera valor e benefício para o mundo em que todos vivemos e para o meio ambiente. Portanto, sucesso é isso, é muito mais que dinheiro.

Por exemplo, para mim, uma pessoa que tenha herdado uma grande soma em dinheiro, se não utiliza isso de uma forma produtiva, que gere valor para a sociedade, não é alguém de sucesso. Podemos dizer que se ele faz trabalhos sociais é um indivíduo caridoso ou distribuidor de riqueza, mas não é um sujeito que realmente lutou por um legado. Sucesso é ser reconhecido por algum valor que você gera com o que faz. Isso também inclui seu autorreconhecimento.

Que este livro contribua para tudo isso. Para seu legado, seu valor e seu propósito e que tudo isso o ajude a gerar riqueza. Há um mundo em que o ciclo positivo prospera, desde que você realize o básico bem-feito em sua corporação e que o trabalho gere desenvolvimento humano, social e ambiental.

Uma vez mais, obrigado pela confiança. Fique com um forte abraço e nos vemos em um próximo livro. E não se esqueça:

A vida está mais para a luta que para a dança... Então, vamos lutar!

EMPREENDER, NO SENTIDO MAIS AMPLO E LOUVÁVEL DA PALAVRA, É FAZER ACONTECER! É UM ESTILO DE VIDA.

Este livro foi impresso
pela Gráfica Bartira
em papel pólen bold 70g
em setembro de 2023.